智元微库
OPEN MIND

成长也是一种美好

第二十条

解密正当防卫的正确姿势

夏伟 等　编著

人民邮电出版社
北京

图书在版编目（CIP）数据

第二十条 ： 解密正当防卫的正确姿势 / 夏伟等编著 . 北京 ： 人民邮电出版社， 2024. -- ISBN 978-7-115-64962-1

Ⅰ . D924.04

中国国家版本馆 CIP 数据核字第 2024MH3175 号

◆编　　著　夏　伟　等

责任编辑　黄琳佳

责任印制　周昇亮

◆人民邮电出版社出版发行　　北京市丰台区成寿寺路 11 号

邮编 100164　　电子邮件 315@ptpress.com.cn

网址 https://www.ptpress.com.cn

天津千鹤文化传播有限公司印刷

◆开本：700×1000　1/16

印张：14　　2024 年 9 月第 1 版

字数：150 千字　　2025 年 10 月天津第 2 次印刷

定　价：59.80 元

读者服务热线：（010）67630125　印装质量热线：（010）81055316

反盗版热线：（010）81055315

目录 / CONTENTS

一、还手就是互殴吗？

——误解之一

随着张艺谋导演的影片《第二十条》的热映，正当防卫制度再次引发公众的讨论。有的网友说，真正激活“第二十条”的，不仅是检察官、学者、律师，其实还包括科技工作者、媒体记者，甚至围观的网民等，他们有一个共同的名字——人民群众。

不少人（包括一些司法工作人员）对正当防卫还存在一些误解，常常有人说：“挨打不能还手，还手就是互殴！”“正当防卫只能靠跑！”“正当防卫不是比体力，是比脚力！”

存在这种误解有四个方面的原因。其一是将防卫按照日常生活的意思理解，没有考虑法律规范用语的独特性。其二是在认定正当防卫中存在道德洁癖，当防卫行为导致严重后果时反而对加害人产生同情心理。其三是混淆了正当防卫和紧急避险，将迫不得已、无可奈何当作了正当防卫的条件。其四是古代封建刑法中，为了维护社会治安，存在不问是非曲直禁止斗殴的传统，西方禁止决斗的观念传入中国后，加深了对这一观念的认可。

本节先讨论前两个原因。

第一，防卫不是消极逃避，也包括主动进攻。防卫，顾名思义就是防御、保卫。

按照一般人的理解，防卫只能消极防守，不能主动进攻。“害人之心不可有，防人之心不可无”最能说明防卫的消极性，不能主动加害于他人，只能提防他人加害自己。按照这种理解，被打时明明可以选择跑路，却奋起反击，这当然不是防卫，更不可能是正当防卫了。

但是，法律条文的用语往往具有和日常生活用语不同的意思。有句法律谚语——字典里查不出大法官。光靠查字典是不可能理解法律的。如果完全按照字典的释义解读法律，即使得出了正确的结论也实属偶然，纯属侥幸。比如，我们常常对外介绍自己的对象时说“这是我的对象”，向朋友分享自己的作品时会说“这是我的文章”。但是在法律中，人不是物，不能被拥有；作品也不是有形的物，不存在所有权。事实上，防卫中的“卫”字完全可以解释成自卫，自卫当然包括进攻、还击。

或许有读者认为，既然法律是规范市民生活的，是为我们的行动提供标准的，是告诉我们什么应该做、什么不应该做的，那么法律的用语就不应该晦涩难懂，必须平易近人。的确，如果能用最直白、最优美的语言表达法律条文，那当然最好不过。但是，社会生活是复杂的，想要通过简单的用语囊括所有犯罪，必将导致法律条文繁杂，反而不利于民众阅读。例如，古罗马的《十二铜表法》中没有抽象出财产这一概念，而是分别规定盗窃树木、盗窃庄稼等犯罪，按照这种罗列，恐怕仅仅规定盗窃罪一种罪名，刑法的内容就要和《辞海》一样多。现代社会要求分工合作，不同人从事不同的工种，以此提高劳动效率。一个工匠即使竭尽所能，一天也做不成一枚别针，但是将整个工作分为 18 道工序，由 18 人分工合作后，平均每人每天能做出 4800 枚别针。

当对法律规定的内容产生困惑时，不应径直按照自己的个人见解行事，更好的办法是去查阅相关书籍，去向有关机关询问。

第二，部分法官存在道德洁癖，由此产生的错误判决对公众形成误导。近年来，我国司法机关一直在提“正当防卫制度的激活”“第二十条的苏醒”，激活和苏醒的反面就是死亡和沉睡。毋庸讳言，正当防卫的司法裁判中一度存在比较明显的缺陷，对成立条件要求太高。一些法官带着道德洁癖、完人心理，要求防卫人打不还手、走为上策；一些地方的宣传语中高喊“打赢坐牢、打输住院”，公众接收这些信息后，形成“无论如何不能还手、还手就是互殴”的误会。

法律是正义的文字表述，任何法院的裁判都不代表法律规范的正确解释，尤其是实践中存在的错误判决。不符合常理，严重违背良知的裁判绝对不是刑法的真正含义。成功有很多个妈妈，失败却是一个孤儿。错误的裁判也有其错误的思想来源。

一方面，我们不能要求民众打不还手。2019 年 7 月 30 日，重庆渝北区发生过保时捷女司机“掌掴”事件。视频里看得很清楚，女司机先打了男司机一巴掌，然后男司机也反手给了她一巴掌。最后这起案件被调解处理。但话说回来，男司机那一巴掌其实是在制止女司机的不法侵害。要不是他及时还手，谁知道女司机会不会继续胡来呢？所以男司机的还手行为属于正当防卫，而不是互殴。

另一方面，不能按照“谁死谁有理、谁弱谁无辜”将防卫解释成互殴。当原施暴者因防卫人的防卫行为而受伤、死亡后，部分民众、法官以“死者为大”“同情弱者”的心理情感认定案件中不存在防卫行为，而是属于互殴。很多人心里会想，虽然死者有错在先，毕竟是死了人，对防卫一方不定罪说不过去。身份上的转换，使得施暴者及其家属在大众和法官面前成了“弱者”。①

孙某、吕某、金某三人于凌晨 3 时许，来到女工宿舍强行破门而入，试图将与他们有隙的尹某带走。孙某进屋后，掀开尹某的被子，殴打尹某并撕扯尹某的睡衣，致尹某胸部裸露。尹某的室友吴某见状，下床劝阻。孙某转身殴打吴某，后又踢打吴某。吕某从桌上拿起一把长

---

① 参见周光权：《刑法公开课（第 1 卷）》，北京大学出版社，2019 年。

11 厘米、宽 6.5 厘米、重 550 克的铁挂锁欲砸吴某，吴某即持刀刺向吕某，吕某当即倒地，后因急性失血性休克死亡。公诉环节检察官提审被告人吴某时，上来就说："你这个小姑娘够狠的，敢杀人，知道性质有多恶劣吗？"部分正当防卫的案件中，由于施暴者已经死亡，其家属作为附带民事诉讼原告人出庭。"庭审现场哭声不断……朱某的妻子和父母作为刑事附带民事诉讼人原告参与了昨天的庭审，在听到讲述事发经过时，朱某的母亲不时发出叹息声，后来突然从椅子上滑坐在地上。法官询问其是否身体不适，是否需要到法庭外休息，朱某的母亲婉拒，并拒绝重新坐回椅子上。在之后的一个多小时内，老人一直坐在大理石地板上，不时把头埋在老伴的腿上哭泣。"①可见这种心理并不是司法工作人员独有的，恰恰是一般民众普遍持有的。但是，同情心不能泛滥，司法裁判首先建立在法律法规的基础上，如张军院长所说，离开法律效果就不要提什么社会效果。

同时，不能单纯凭借对防卫人主观心理动机的揣摩认定互殴或防卫。很多人不断讨论正当防卫案件中实施防卫行为的人有没有伤害故意，如果有，那就是互殴，也就不成立正当防卫。事实上，这种观点存在明显的错误。如果防卫人仅仅是逃避了伤害行为而造成了施暴人伤害或者死亡的后果，那就绝对不可能成立犯罪，也就没有讨论的必要。换言之，防卫行为客观上表现出来就是伤害行为。进行防卫时没有人会认识不到自己的防卫行为可能导致施暴者受伤，因此，只要实施了防卫行

① 参见何欣：《护夫打死人毁掉俩家庭》，载《北京晨报》2013 年 9 月 5 日。

为，就不可避免地存在伤害故意。通过认定是否存在伤害故意判断正当防卫行为不可能得出否定结论，这就好像以是否有四条腿来判断一匹马是不是马一样，结论只能为肯定。只要不是自己主动引发伤害行为，无论是提前准备防卫的工具、提前设定防卫的装置，还是积极还手，都不是互殴。

二、还手就是互殴吗？

——误解之二

将所有还手认定为互殴有两层原因，一方面是法律知识原因，混淆了正当防卫和紧急避险；另一方面是历史传统，中西方法制发展过程中都在不断禁止私人决斗。

《中华人民共和国刑法》（以下简称《刑法》）第二十条规定了正当防卫制度，区别于《刑法》第二十一条的紧急避险制度——成立正当防卫并不需要迫不得已。换言之，在正当防卫中，当既能通过逃跑也能通过反击保护合法利益时，刑法不要求我们必须逃跑。但是在紧急避险制度中，当能够通过逃跑躲避危险，不需要损害其他利益的时候，刑法要求我们必须逃跑。关键的区别在于，正当防卫时存在正义和不正义的较量，是合法对非法的制止行为，如果要求防卫人逃避，那就是正义向不正义退步、合法向不法低头。正如媒体所言，只有法一步不让，不法才会寸步难行。而紧急避险时对立的双方可能都是正义的，都是合法的，没有任何一方存在过错。例如，龙卷风席卷大地，我为了活下去选择踹开你家的大门，擅自闯进你的地下室。此时，我的生命利益是合法的，而你的地下室私有财产也是合法的，都受到法律保护，即使是为了保护我自己的生命利益而损害你的地下室，也要求我必须好好考虑是否存在别的方式能够躲避灾难，是不是能够先获得你的许可等。

刑法如同天平，在正当防卫的认定中，左边是受到法律保护的合法利益，右边是施暴人的非法利益，合法利益显然更重，因此天平向合法利益倾斜。而在紧急避险时，两边都是合法利益，任何一方的利益都值得保护，因此必须在万不得已时才能进行紧急避险。关于两种制度之间的具体区别我们将在后文论述，这里只需要理解迫不得已、优先回避仅仅是成立紧急避险的要求，而不是认定正当防卫的条件，不能认为“被害人明明能跑，却还手”就属于互殴。

提前准备防卫工具不等于互殴。

案例 2-1

胡某平与同事张某兵发生矛盾，胡某平得知张某兵扬言要打自己后准备了两根钢筋条藏在身上。下班后，张某兵纠集邱某华、邱某道围堵胡某平。邱某道打了胡某平两个耳光。胡某平拿出钢筋条重伤了邱某道并逃跑。张某兵、邱某华持钢管追打胡某平未果，便逃离现场。[①]一审法院认定胡某平为防卫过当。但检察机关还是提出了抗诉：胡某平提早得知张某兵即将实施侵害行为，既未向相关部门或公司寻求帮助、调解，亦未主动退让，反而积极准备工具，应推定其具有斗殴的意图。但是这种观点并不合理，如果得知有人可能伤害自己就报警，一方面个人难以预判可能面临的伤害程度，另一方面也不确定能在自己受到严重伤害之前得到警方的帮助。报警是权利不是义务，不能因为没有使用权利受到处罚。

案例 2-2

王某某与王某甲是东西院邻居，王某某因为种菜与王某甲在园子内发生争吵，其确定王某甲一定会来打她，就拿出了几天前购买的尖刀防备。随后，王某甲手持铁锹来到王某某家，持铁锹与王某某厮打。在厮打过程中，王某某用尖刀扎王某甲数刀，致王某甲全身多处损伤，后抢救无效死亡。[②]

王某某在自己家中认识到可能存在生命危险，从而准备一把属于家庭生活可以使用的刀，再正常不过。并且王某甲使用的武器为铁锹，是坚硬的钝器，敲击头部可能致人死亡，无论是要求王某某放弃防卫还是要求王某某徒手上阵都不具有合理性。而且，在这种

① 参见杨雨晨：《论正当防卫的司法认定——以正当防卫与互殴的区分为视角》，载《司法文明论坛》2020 年第 1 期。

② 参见吉林省长岭县人民法院（2015）长刑初字第 239 号刑事判决书。

危险随时存在、公安机关或其他公权力部门又不可能全天守候的情况下不允许王某某提前准备工具，难道要求王某某搬家吗？因此，提前准备武器不影响正当防卫的成立。

“互殴就是犯罪”是一种具有传统色彩的误解。《唐律疏议》是我国历史上最系统而全面的刑法典之一，《唐律 · 斗讼律》第九条第二项规定：“诸斗，两相殴伤者，各随轻重。后下手者理直，减二等。至死者，不减。”翻译成白话文就是：只要打架的都要处罚，后动手的有理，但是也得处罚，只不过可以减轻而已。但还手把人打死的不减轻处罚。

即使防卫人辱骂施暴者，也不能一概认为属于挑衅。

案例 2-3

2016 年 8 月 27 日 8 时许，伍某在争议地段修建院墙，毛某遂向村干部反映了该情况。之后，毛某看见村干部与城建执法人员快到达施工现场处理违建问题，遂先赶到现场进行阻拦。伍某因此质问毛某，并持砖头打伤毛某头部，致毛某倒地。毛某受伤后大声叫骂，伍某又冲向毛某，二人扭打在一起，毛某捡起一块砖头打伤伍某左额头，后被村干部等人拉开。本案中有人认为毛某受伤后大声叫骂就是在刺激伍某殴打自己，从而利用正当防卫制度攻击伍某。[①]

---

① 参见湖北省宜昌市中级人民法院（2018）鄂 05 刑终 16 号刑事附带民事裁定书。

但是被人殴打而又元法还击之时进行辱骂是一般人的正常反应，这是施暴者早就应该预见到的。因此本案不属于互殴，毛某的行为属于正当防卫。

还手不等于互殴，面对非法侵害，在得不到警察或其他公权力帮助、救济时，公民有权利还击，保护自己的合法利益。对侵犯自己利益的行为进行还击是人的本能与天性，没有法律要求民众面对非法伤害只能望风而逃，怯懦的法律培养不出强大的国民。除了成年人在社会生活中可能受到不法伤害，中小学生在学校生活中也可能受到校园暴力、校园霸凌。面对校园欺凌，除了及时报告老师和家长，也可以积极进行正当防卫，利用法律保护自己的权益。

三、咸猪手可以防卫吗？

——防卫起因

地铁上遇到变态者伸出咸猪手，是否可以进行正当防卫，是否可以拎包还击或将其踹倒呢？这涉及对防卫起因的解释。只有具备不法侵害，才能进行正当防卫，换言之，进行防卫的前提是存在防卫起因。长久以来，人们误把防卫起因限缩在犯罪甚至严重的犯罪之中，这不当地限缩了我们进行防卫的权利。本书的结论是，针对仅仅违反了《中华人民共和国治安管理处罚法》或其他侵犯合法权益的非犯罪行为，也可以进行防卫，只不过对防卫的手段和限度需要进行限制。

首先，正当防卫的防卫起因不限于犯罪，只要是违法行为都有可能属于防卫起因。

数年前我在中国政法大学的刑法诊所提供法律援助，当时我已经学完了《刑法》《刑事诉讼法》，但是对正当防卫的理解仍旧比较幼稚。

一天，校门口来了一位老太太，背着一个大包，里面放了一堆药、一条薄被子、一堆馒头、一大瓶水。她认为她儿子虽然打了同学并把该同学的门牙打掉了，但是不构成犯罪，而是属于正当防卫。原来她结了两次婚，带着孩子改嫁给了现任丈夫，她的儿子在学校被同学嘲笑“一个妈妈、两个爸爸”“认贼作父”，因此怒不可遏，拎起板凳砸向其中一个同学，致其 2 颗牙齿脱落，按照《人体损伤程度鉴定标准》构成轻伤二级。

我说：“老太太，您儿子的行为不是正当防卫，虽然同学的嘲讽行为属于对您儿子的侮辱，但这只是民事或行政违法，不构成刑事犯罪，不存在防卫起因。”老太太噌的一下从凳子上跳起来，说：“按照《中华人民共和国刑法》第二十条……哪里说了只能针对犯罪才可以进行防卫！”

我对老太太能一字不漏地准确背诵《刑法》条文感到佩服，同时也开始反思，难道只有针对犯罪才能进行防卫吗？答案是否定的，这有四个方面的理由。

第一，防卫起因不限于犯罪，这有法律规范的依据。对法律人而言，任何解释结论都必须找到法条作为依据。任何观点一旦能够找到法条做支持，用起来才有底气，才不会心虚。经常有行政机关工作人员要求群众履行义务时不说明法律依据，而仅仅说根据相关规范，这是不对的。现代社会法律规范太多了，只说依据相关规范远远不够，就像你多年未见的朋友问你现在在哪里，你回答说在“肯德基”一样，他不可能凭此找到你。《刑法》第二十条第一款规定，针对正在进行的不法侵害可以进行正当防卫，第三款规定，针对正在进行的行凶、杀人、抢劫、强奸等严重危及人身安全的暴力犯罪可以进行特殊防卫。因此只有特殊防卫中的防卫起因必须是犯罪，而且必须是严重危及人身安全的暴力犯罪。就像人与人的区别必须通过对比才能知道一样，法律的内涵也是比较出来的。

第二，我国法律定义的犯罪种类数量少，要求防卫行为必须针对犯罪，不利于保护国民的合法利益。每个国家的刑法都有其自身特色，一些国家不存在“治安管理处罚法”，所以轻微的违法行为就被规定在刑法之中，也就是说，一些我们认为仅仅属于违法的行为，在国外属于犯罪。

第三，我国犯罪的入罪门槛较高，按照是否属于犯罪认定防卫起因不符合我国的立法特点。我国的犯罪不仅仅要求形式上符合法律规定，还将实质上情节显著轻微、危害不大的行为排除出犯罪，也就是犯罪的成立不仅要求定性还要求定量。例如把他人的东西拿走，这在性质上属于盗窃，但如果拿走的仅仅是一支铅笔、一块橡皮，由于价值不大，没有达到盗窃数额较大的入罪标准，就不符合犯罪判定中量的要求。因此这种行为不属于刑法上的盗窃，仅仅属于生活意义上的盗窃。再比如，辱骂他人，这在性质上当然属于侮辱行为，但是如果没有造成严重的后果（比如导致他人精神失常，或者负面侮辱信息被大量转发），就不属于刑法上的侮辱，仅仅属于生活语义上的侮辱。

第四，要求国民在进行防卫之前分辨非法侵害是否属于犯罪并不现实。在进行正当防卫时，留给防卫人的时间往往十分短暂，转瞬即逝，就算是通过司法考试的法律人也难以在一时之间判断施暴者的行为是否构成犯罪，何况是没有专业知识的一般民众呢。法律不会强人所难，刑法更不要求所有人都成为法律专家才能进行防卫。因此，正当防卫中对不法侵害的判断不拘泥于犯罪，只要是侵犯了他人权益的行为就属于防卫起因。或许读者对此答案仍旧表示不满——我不知道什么行为侵犯了我的权益！但这是不可能出现的，我们会对侵犯权益的行为感到被冒犯、感到不舒适、感到需要拒绝，从而就可以进行正当防卫；而当你没有感受到他人的冒犯时也就说明这种行为并不严重，也就不需要进行防卫。

读到这里，想必你已经知道问题的答案，对于咸猪手当然可以进行正当防卫。首先，咸猪手属于行政违法行为，根据《中华人民共和国治安管理处罚法》第四十四条，猥亵他人的，处五日以上十日以下拘留。咸猪手不仅侵犯了我们的隐私权，还可能涉及我们的身体自由，只要能够认定他人正在有意对我们实施性骚扰，如摸臀、袭胸等就可以进行防卫。其次，咸猪手也属于犯罪行为，《刑法》第二百三十七条规定强制猥亵他人的处五年以下有期徒刑或者拘役。在地铁、公交车、火车站等人群拥挤的地方趁人不备袭胸等都属于强制猥亵，对此完全可以进行防卫。最后，防卫行为必须适度，因此要根据咸猪手的严重程度采取适当的防卫方式，这将在后文关于防卫限度的内容中进行介绍。

四、对未成年人可以防卫吗？

——防卫对象之一

实施犯罪的不只是影视作品中那样凶神恶煞、心思缜密、心狠手辣的成年人，未成年人也可能对他人实施不法侵害。未成年人犯罪的案件时有发生，例如2024年3月发生的一起骇人听闻的案件，三名初中生霸凌同学后将其杀害并掩埋；几年前，在大连发生过13岁男孩杀害10岁女孩后抛尸案；在湖南沅江发生过12岁男孩弑母案；在安徽宣城发生了13岁男孩杀害堂妹抛尸案[①]……

对未成年人实施的侵害行为可以进行正当防卫。首先需要明确，我国《刑法》第十七条对未成年人实施犯罪行为是不是要承担刑事责任分成了几个阶段。承不承担刑事

① 参见王峰：《不满14周岁未成年人故意杀人怎么判？最高检明确依法追究刑事责任》，载《21世纪经济报道》2024年03月25日。

责任也就是能不能对其适用刑罚。对于已满十六周岁的未成年人，对所有犯罪都要负刑事责任。已满十四周岁不满十六周岁的未成年人只对故意杀人、故意伤害致人重伤或者死亡、强奸、抢劫、贩卖毒品、放火、爆炸、投放危险物质等 8 种犯罪负责，除此之外的其他犯罪行为，即使其实施了也不会受到刑罚处罚。已满十二周岁不满十四周岁的未成年人要承担刑事责任的范围就更窄了，而且条件也十分严格。第一是犯罪行为的限制，已满十二周岁不满十四周岁的人只有实施故意杀人行为和故意伤害行为之时才负责。第二是犯罪结果的限制，只有当行为导致他人死亡，或者使用了特别残忍的手段致人重伤并且造成严重残疾才负责。需要注意的是，“特别残忍的手段”“致人重伤”“造成严重残疾”不是有其一就行，而是必须全部具备。第三是犯罪的情节，必须情节恶劣。第四是程序要求，必须经过最高人民检察院的核准。而不满十二周岁的未成年人按照目前的《刑法》规范无论如何不能承担刑事责任。所有不满十八周岁的未成年人实施犯罪都需要从轻或者减轻处罚。

否定的观点认为未成年人心智不成熟、体力有限，实施的犯罪行为轻微，进行防卫将造成对未成年人的重大伤害，应该禁止防卫，只能逃跑。长久以来认为不能对未成年人进行正当防卫的观点都存在一个误解，就是混淆了能不能正当防卫和能怎么样进行正当防卫这两个问题。前者是关于防卫起因的，后者是关于防卫手段、防卫限度的。举个例子，现在很多学校实行分班教学，高中可能分成实验班、火箭班、平行班，当我们讨论对未成年人能不能进行正当防卫时相当于问能不能进入这个学校读高中，当我们讨论对未成年人实施的侵害如何进行正当防卫时相当于讨论已经进入这个学校就读后应该读哪个班。是否能入学，考虑的可能是学区、基本的学习成绩等众多因素，入学之后能分到哪个班，则主要考虑学习能力。问能否对未成年人进行正当防卫，回答只能取决于未成年人有没有实施不法侵害行为；问如何对未成年人进行防卫时，才能结合具体未成年人的身体发育状况、实施的侵害行为种类进行说明。向校长询问是否有入学资格时，校长不能以孩子只能进平行班，进不了实验班为由说不能入学。2020 年 9 月 3 日颁布的《最高人民法院、最高人民检察院、公安部关于依法适用正当防卫制度的指导意见》（以下简称《正当防卫指导意见》）第 5 条明确规定“成年人对于未成年人正在实施的针对其他未成年人的不法侵害，应当劝阻、制止；劝阻、制止无效的，可以进行防卫”。这肯定了对未成年人也能进行正当防卫的结论，只不过提醒大家要选择恰当的方式，能劝阻时优先选择劝阻而已。

先劝后防卫不是固定的，部分案件中即使是对未成年人的不法侵害，也可以直接进行防卫。当双方都是未成年人时，由于体力基本一致，防卫人和施暴者都不占优势，因此可以直接进行反击。2011 年 1 月，美国佛罗里达州少年萨维德拉（当时 14 岁）遭到同校同学努诺（当时 16 岁）的欺凌攻击。两人在巴士上发生冲突，努诺尾随萨维德拉下车，并用拳头击打其头部，然后萨维德拉向努诺的胸腹部连捅 12 刀，将其心脏刺穿而致其死亡。佛罗里达州地方法院以“不退让法”为依据，判定萨维德拉不成立犯罪[①]。2015年，湖南邵东县有三名小学生，他们都还未满14岁，却一起杀害了一名女教师。这三名小学生的力量，明显比女教师大，不然她也不会因此丧命。在这种情况下，让女教师先去躲一躲，再找人帮忙，最后再试着防卫，这显然是不现实的。

① 参见梁云宝：《论涉挑衅的“互殴”定性》，载《刑事法判解》2014年第1期。

五、人挡杀人，佛挡杀佛？

——防卫对象之二

除了精神正常的人，精神病人也可能实施犯罪。2019 年，患有抑郁症的滴滴司机陈某悲观厌世但又没有勇气自杀，临时起意杀人壮胆，晚上将乘客杨某送达常南汽车总站附近，趁杨某不备，连刺 20 余刀致其死亡。2017 年，38 岁的张某觉得前途光明他看不到，道路曲折他走不完，却担心死后妻女受苦，便将妻女杀死后自杀，但自杀未能成功。[①]

看到这里，你或许认为生活的风险真是太多了，犯罪无处不在，身心健康的人和精神病人、成年人和未成年人都有可能对我们施加伤害。但是，除了由人导致的风险，我们还可能受到动物的袭击。以狗袭人为例，在中国裁判

① 参见刘亚、吴贻伙、吴荧：《抑郁症，不是“免罪金牌”》，载《检察日报》2019 年 8 月 7 日。

文书网中输入“狗咬人”进行检索，得到940余份裁判文书。2006年8月，山西省吕梁市崔某家养的两只狼狗疯狂咬死其同村一不满7周岁的男孩；2009年11月，呼和浩特市3条恶狗咬死一名4岁男童。2020年12月，鹤壁市3岁男童小宇被邻居家的看门狗咬死，母亲当场崩溃；2023年10月，四川崇州一个小区内，一名女童被拉布拉多犬咬伤。[①]那么，对于精神病人、动物的侵害行为，我们可以进行正当防卫吗？

针对精神病人的行为可以进行正当防卫。先来了解我国《刑法》关于精神病人刑事责任的规定。根据《刑法》第十八条的规定，刑法上的精神病人可以分为两类，我们可以简称为完全的精神病人和半精神病人。完全的精神病人已经彻底地丧失了对外界事物的辨认能力，也无法控制自己的行为，对于此类精神病人，不能追究刑事责任，只能让其家属严加看管，必要时政府可以进行强制医疗。半精神病人是指丧失了一部分辨认外界事物性质或者一部分控制自己行为能力的人，一直处于“半梦半醒”之间，对于此种精神病人，可以从轻或减轻处罚。此外还有间歇性精神病人，间歇性精神病是时好时坏，只需要按照他实施犯罪行为当时的精神状态认定就行。如果实施犯罪时精神状态良好，那就是正常人；如果实施犯罪时完全不能控制自己，那就是完全的精神病人；如果实施犯罪时丧失了一部分辨认或者控制能力，那就是半精神病人。无论何种精神病，只要实施不法侵害就能对其进行正当防卫。首先，精

① 参见公众号“湖湘法学评论”：《成都恶犬伤童案：附张明楷、于龙刚教授等理论观点》，2023年10月18日。

神病人难以控制自己的行为，所以一旦实施犯罪，后果往往更严重。正常人实施犯罪还有畏惧之心，想到家中的妻儿老小、想到锒铛入狱后的悲惨生活，还有可能悬崖勒马、停止犯罪，但精神病人可能没有这样的预判能力。

范某雨患精神病近10年，因不能辨认和控制自己的行为，经常无故殴打他人。2003年9月5日上午8时许，范某雨先追打其侄女范某辉，又手持木棒、砖头在公路上追撵其兄范某秀。范某秀在跑了几圈之后，因无力跑动，便停了下来，转身抓住范某雨的头发将其按倒在地，并夺下木棒朝持砖欲起身的范某雨头部打了两棒，致范某雨当即倒在地上。本案中法院肯定了对精神病人也能进行正当防卫，只不过认为范某秀超过了必要限度造成了重大损害，属于防卫过当。这个案件中，范某秀作为正常人居然跑不过精神病人，可见精神病人实施犯罪时的危害性丝毫不亚于正常人。精神病人实施的侵犯行为属于不法侵害。不法侵害可以拆开，不法就是指违反法律，侵害就是指侵犯、伤害。没有人会认为精神病人杀人是合法行为，也没有人会认为精神病人砍人不是一种伤害。

最后，是不是不法侵害，属不属于防卫起因，认定的标准为行为客观上是否具有危害性，不是看行为人主观上的想法。防卫行为针对的都是坏的行为，而好与坏的评价是主观的，我们常说“好心办坏事”就是如此，不需要考虑行为人的主观想法、精神状态。甲、乙、丙三人是好友，但是整天神神叨叨。甲乙二人共同欺骗丙，使其相信世界上有猫王的存在，数千年来猫王都是罪恶的化身，它将会统治世界、消灭人类、血洗地球。为了阻止这场人间的灾难，丙必须将张三杀死，作为献祭，否则亿万生灵将会被猫王灭绝。实际上张三是甲前男友的现任女友，甲嫉妒张三的夺“夫”之恨而迷惑、利用了丙。[①] 即使认为本案中丙受到蛊惑不能辨认自己行为的意义（她以为这是解救世人的壮举），也无法否定其行为的危害性。因此，对驾驶中睡着了的火车司机，为了避免发生交通事故可以进行正当防卫。对正在梦游同时不断破坏他人财物的行为人可以进行正当防卫。

针对动物的伤害行为也可以进行正当防卫。动物对人实施伤害行

① 参见林钰雄：《新刑法总则》（第 12 版），元照出版社，2023 年。详细的案情请参见申柳华：《德国联邦最高法院关于“猫王案”的判决译介》，载《刑事法判解》第 13 卷，人民法院出版社，2013 年。

为可以大致分成两种，一种是有人教唆、指引动物实施伤害的，一种是动物自发实施伤害的。在具体讨论两种动物实施伤害行为之前，需要排除一种情形，即没有主人的、不属于保护动物的野生或流浪动物袭击人类，这种情形下无论进行何种反击，都不成立犯罪，都没有侵犯刑法所要保护的利益，因此不需要通过正当防卫制度予以合理化。有主人的动物属于财产，故意杀伤、偷盗可以成立故意毁坏财物罪和盗窃罪。而保护动物则受到更高的保护，禁止杀害、买卖。诚然，流浪动物也很可怜，但是刑法仅仅保护生活中最重要的利益，不是任何利益都进行保护。我们都渴望法网恢恢疏而不漏，但是过于严密的法网却禁锢了生活，不利于社会发展。回到两种类型的动物伤害行为，当动物受到他人指示袭击人时，此时动物属于人类实施犯罪的工具，就像枪支、刀具一样，是犯罪人手脚的延长，此时可以进行正当防卫。在动物自发袭击人时，也可以进行正当防卫。越来越多的人将宠物作为自己的家人一样对待，这属于个人自由，其他人无权干涉。但是一个社会中基本的、主流的价值判断是稳定的，人类的生命、价值高于动物是当下社会的主流判断。

本节的所有判断集中起来就是一句话，不法侵害的判断是客观的，和行为人的精神状态、主观想法、年龄等无关。不能以特别类型的行为人具有身体、心理上的弱势而否定国民拥有进行防卫的权利。此种区别仅仅影响在具体实施防卫时防卫手段的选择。

六、该出手时就出手

——防卫时间之一

能够进行正当防卫的条件之一是他人必须正在实施不法的伤害行为。这里的伤害是广义的，只要是侵犯我们合法利益的行为都属于此处所说的伤害。

我在上大学时曾向任课教师询问什么时候才能进行正当防卫。其回答：以故意杀人行为为例，只有凶手已经架好枪、瞄准好、准备扣动扳机时才能进行正当防卫。相信读者与我一样对此回答感到无语——天下怎么会有这样荒唐的刑法！天下怎么有如此无理的理论！就像博登海默所说的，“彻头彻尾法学家，地地道道大傻瓜”。这种时候才能防卫的话，那岂不是只有等死了。

判断防卫时间的合理标准只有一个，那就是什么时候开始侵害，什么时候就能开始防卫，什么时候危险完全消除，什么时候就应该停止防卫。本节先讨论正当防卫开始的时间。

根据《刑法》第二十条的规定，正当防卫只能针对正在进行的不法侵害。但对于不法侵害是否正在进行，有时大家的结论是不同的。

案例 6-1

A 与 B 系夫妻关系。一天，A 外出散步，回来时发现门被反锁，屋内传来其妻 B 的呼救声。A 奋力爬到卧室窗口，发现 C 正骑在 B 的身上，B 在不断反抗。A 见此情形破窗而入，C 也马上下床与 A 扭打在一起。在打斗过程中，A 由于打不过 C，便拿起一把菜刀将 C 砍死。浙江省某检察院以故意杀人罪向浙江省某中级人民法院提起公诉，A 的辩护人提出本案系正当防卫，不应追究 A 的刑事责任。[①]

案例 6-2

2018 年 8 月 27 日晚，刘某龙（绰号“龙哥”）驾驶宝马轿车在昆山市震川路西行至顺帆路路口，与同向骑自行车的于某明发生争执。满脸横肉、一身刺青、全身酒味的“龙哥”随即从车中取出一把砍刀连续用刀背拍打于某明的面部，在拍打过程中，刘某龙的砍刀脱手落地，于某明抢到砍刀后对前来夺刀的刘某龙捅刺、砍击

① 参见李桂红、胡胜、肖荣武：《正在进行的不法侵害的认定》，载《人民司法（案例）》2016 年第 11 期。

共计5刀，刘某龙受伤后跑回宝马车，于某明又追砍了两刀（未砍中），最终刘某龙跑离现场，但因受重伤，抢救无效而死亡。

案例6-3

在某边陲小镇，美丽的老板娘独自开了一家旅馆。晚上旅馆迎来了几位壮汉，老板娘在上菜时听到了他们准备在夜晚抢劫旅馆的计划，于是往饮料中放入安眠药，将壮汉迷晕。[1]

① 改编自［日］佐伯仁志：《刑法总论思之道·乐之道》，于佳佳译，中国政法大学出版社，2017年。

案例 6-4

徐某与叶某玲系夫妻，育有一子，本应和和美美的家庭，却因徐某的赌瘾，导致家中硝烟弥漫。终于，叶某玲不堪其扰，在2010年12月6日向法院递交了离婚申请，并带着儿子住到父亲叶某天家。2011年1月4日傍晚，徐某来到岳父叶某天家，想接妻儿回家，但叶某玲坚决拒绝。双方唇枪舌剑，叶某玲责怪徐某把儿子严重打伤，两人讲到离婚，徐某说要么3人一起回去，要么同归于尽。叶某天听后火冒三丈，把徐某推出了门外。这时，徐某突然冲向大厅里停放的女式摩托车，拧开油箱盖，掏出了打火机。徐某的连襟刘某见状立刻冲上前去，死死按住摩托车的车坐，想阻止徐某。与此同时，叶某天眼疾手快，从地上捡起一根约50厘米长的铁管，朝徐某的脚上砸了两下。徐某挨打后，坐在地上依然叫嚣着要炸死叶某天全家。叶某天和刘某无奈，只好将徐某抬到屋外，关上门并拨打了报警电话。①

判断不法侵害是否开始的标准是合法权利有没有受到侵害的危险。当用枪射杀他人时，不论是否已经瞄准，只要到达可以射击的地点，能够随时开始准备射击，对方的生命就受到了威胁，可以进行正当防卫。从理想状态而言，如果既能保护生命，又能减少对施暴者造成伤害，那当然是最好的，但实践中很难做到这一点。因此在让无辜的民众承受

① 参见汤媛媛、张维：《江西公布五起涉正当防卫典型案例》，载“江西政法网”2019年1月11日。

风险和提前对施暴者进行打击的选择之中，法律只能选择前者。防卫时间开始得越晚，权利遭受侵害的可能性就越大，防卫成功的可能性就越低。

案例 6-1 说明防卫的开始时间和行为人实施犯罪的目的有没有实现无关。C 实施的是强奸行为，虽然 C 还没有完全控制 B，但是一旦控制成功后，B 就难逃魔掌，因此应该认为此时强奸行为正在进行，A 可以进行正当防卫。至于能不能适用特殊防卫，则是另一个问题，我们之后将进行讨论。

案例 6-2 说明，只要具有紧迫的危险，就算无法判断行为人的真实目的也可以进行防卫。昆山“龙哥”满脸横肉，一身刺青，全身酒味，虽然其下车后并未直接使用刀刃砍击于某明，但是使用了刀背拍打于某明的面部。本案中于某明可以进行正当防卫的时间不是等“龙哥”砍刀掉落，也不是受其拍打面部时，而是其携带刀具下车之时、实施殴打行为之前。首先，两人事前发生了冲突，其殴打于某明的行为已经属于伤害行为，可以进行正当防卫。其次，当“龙哥”从车上拿出刀具时，没有人知晓其用意。“龙哥”有可能只是用刀作为恐吓于某明的工具，但也有使用刀具行凶的可能，此时于某明就可以进行正当防卫。电影《少数派报告》中讲述了这样的故事，未来世界里人类设计了预测犯罪中心，依靠 3 位拥有超能力的先知预测即将发生的犯罪，警察提前抓捕犯罪嫌疑人，从而降低犯罪率。男主是当局的一名警察，但是先知发出了他将谋杀他人的预测，警局由此展开对他的追捕。可惜现代社会没有这样的先知，并且即使电影中的先知也预测失误了——男主最终没有实施犯罪。人的行为难以预测，无法琢磨，只能按照实际情况对危险进行预判，有实施犯罪行为的可能时就可以进行防卫。或许有读者认为这种对危险的预判有失误的可能，但是不法侵害是广义的，危险也是一种侵害。

案例 6-3 说明认定不法侵害是否正在进行不是机械的，必须考虑防卫人本身的情况。案例 6-3 中，一方面案发地点在偏僻的小镇，案发时已经是晚上，即使报警，警察出警也有可能花费较长时间，并且警笛有可能激怒、提醒壮汉，反而使其仓皇行凶；另一方面，对方是几位彪形大汉，而防卫人只有自己一人，力量对比悬殊。防卫的实现可能性越低，就越要提前防卫的开始时间。我国《唐律疏议》中也有明文规定：诸夜无故入人家……主人登时杀者，勿论。这或许也是考虑到了夜晚侵入，一般人都在睡眠之中，即使醒来也通常睡眼蒙眬、无力防卫，所以不限制其防卫手段。这说明古代的正当防卫制度就考虑到了根据具体的防卫场合，采取不同的认定标准。由人制定的法律规范不可能考虑到生活中的所有场合，因此关于正当防卫的开始时间不存在永恒不变的判断标准，而是动态的。这个案件中听到犯罪计划时就可以防卫，下一个案件中可能得有具体的犯罪行为才行。读者或许对这样没有绝对标准的答案表示失望，但或许这也是法律的迷人之处。

案例 6-4 中，行为人拧开了油箱盖而且掏出了打火机，此时可以进行正当防卫。一旦点燃油箱，就有可能发生爆炸的结果，从而引燃房屋，后果不堪想象。也就是说，什么时候可以开始正当防卫还需要结合行为可能造成的后果判断。像放火、爆炸、决水等行为，一旦实施，行为人自己没办法控制危险的扩散，任何人都没办法在短时间内消灭危险，因此对于此种犯罪行为的防卫就要提前。

月亮存在核心与边缘地带，月晕属于月亮还是黑夜很难判断，对于正当防卫中的一些边缘案件存在不同看法十分正常。但读者千万不要误以为任何正当防卫都存在争议从而不敢防卫，对于典型的事件大家的看法往往都是一致的。比如著名的法学家哈特曾经提出了汽车问题，有一个公园张贴了告示：禁止汽车驶入公园。对于残疾人的轮椅、自行车、电动车等是否能够进入，大家或许各持己见，但是对于典型的燃油汽车不能进入公园大家并不会存在异议。典型的案件之所以典型，有时候不是因为其明显的正确，而常常是因为人们存在不同的见解。这就像起诉时原告被告双方往往都会认为自己多多少少占理，谁赢谁输还不一定，否则完全不可能赢的官司大家一般不会起诉或不会应诉。

下一节我们将继续讨论正当防卫的停止时间，也就是能够防卫到什么时候，何时才算不法侵害已经停止，不再是正在进行。

七、该住手时要住手

——防卫时间之二

上一节我们说了正当防卫开始时间的认定标准，这一节我们具体讨论什么时候应该停止正当防卫。

在古代，由于客观条件限制，国家无力做到无死角地打击犯罪、惩罚犯罪人，国民为了保护自己，只能选择进行复仇，并且扩大报复的范围，一人实施犯罪，常常导致全家乃至全族被报复。因为只有如此，强者在实行犯罪时才会心有忌惮——被害人虽然伤害不了我，但是有可能伤害我的家人、我的家族。通过这样的间接方式，复仇在古代发挥了刑法的功能。[1]但是，随着社会的发展，国家权力机构越来越完善，复仇被禁止，对犯罪人进行惩罚的权力被国家掌控。因此，任何人不能借助法律规范实现报复，正当防卫也不能成为泄愤、报仇的工具，对施暴

① 参见苏力：《法律与文学》，生活·读书·新知三联书店，2017年。

者的防卫行为必须适可而止。既然防卫是为了制止侵害，保护权利，那么只要侵害停止，防卫就应该结束。只有侵害彻底停止，防卫时间才算结束。

例如，甲男和乙女是重组婚姻，乙女的未成年女儿和他们一起生活，甲男有一天想强奸继女但没有得逞。乙女知道此事后怕女儿被人笑话、看不起，又怕甲男报复她们，就没有报警。某日，甲男再次想强奸继女，乙女为了保护女儿，把甲男死死抱住，甲男扬言第二天早晨还要强奸继女。乙女担心甲男真会那样做，觉得“防得住今天，防不住明天”，决心打死甲男然后自杀，遂拿出家中打石头用的铁锤将熟睡中的甲男打死。

对于此种情况，可能有人认为虽然甲男曾经实施强奸行为，但是已经被乙女阻止，并且其已经在床上睡觉，意味着不法侵害已经结束，乙女不能再进行正当防卫。但实际上，甲男并未完全放弃实施犯罪，而是一旦有机会，一旦继女落单其就会实施强奸，因此不能认为不法侵害已经完全结束，乙女仍旧可以进行正当防卫。而且，在长期的家庭暴力中，施暴人会冷不丁地、猝不及防地实施家庭暴力，只要多次暴力行为之间没有间隔相当长的时间，就可以认为其随时有可能实施家暴，从而被家暴者可以进行正当防卫。再次提醒读者，危险也是一种不法侵害，长期的家暴就如同不定时的炸弹一般，随时都有可能爆发，对我们的人身安全存在威胁。

在刑法理论中存在两种特别的犯罪类型，一种叫作继续犯，一种叫作不作为犯，它们的防卫时间认定比较特殊。

继续犯，顾名思义就是继续犯罪，最典型的就是非法拘禁罪。《西游记》里出现了各种各样的非法拘禁行为。妖精凡是抓到了唐僧都不会选择生吃或者凉拌，必须寻找各种调料，从而给孙悟空师兄弟几人制造营救师傅的机会，此时关押唐僧就是典型的非法拘禁。再比如，孙悟空被如来佛祖压在五指山下五百年，只要不解除封印，孙悟空就一直没有活动自由，非法拘禁的行为也就一直存在。再比如，孙悟空带着猪八戒找女妖精，发现这群女妖精正在河里洗澡，孙悟空变作老鹰偷走了女妖精的衣服，让她们不能离开水面，这也限制了女妖精们的活动自由，因此也是非法拘禁的行为。表面上，妖精一旦捆绑了唐僧，如来佛祖一旦翻下手掌，孙悟空一旦叼走衣服，他们的犯罪行为好像就结束了，但是刑法上认为他们的非法拘禁行为并没有结束，而是还在一直持续，因为只要妖精不给唐僧松绑、如来不揭下符咒、悟空不返还衣服，那么唐僧、悟空、女妖精就没办法自由活动，所以这个时候还存在一种想象上的行为。行为一直持续，使他人的权益一直受到伤害，这就是继续犯。

对于继续犯，必须直到想象上的行为也不存在之时，正当防卫才必须终止。

不作为犯罪，直白地说就是该出手时不出手、让你做的你不做。作为和不作为的区分不在于我们的身体动了没有，而在于法律要求我们干的事我们干了没有。就好比按照公司的规章制度，你每天都需要完成一定的工作、上班打卡。只要你没有完成工作、没有打卡，那么你就是没有履行义务，就是不作为。此时你或许在家里打游戏，或许在呼呼大睡，或许在和朋友逛街，但无论你在唱跳 Rap 还是纹丝不动，这都不是老板关心的，老板只关心你该做的做了没有。成年人的世界或许就是这么残酷，充满了唯结果论的考量，只以成败论英雄。在这个方面，刑法却有慈母般的胸怀，不光要求我们有义务做某事而做某事，还得要求我们必须有能力做某事，否则就不会因为不作为进行处罚。

不作为也是犯罪行为的一种，并且有时候不作为的犯罪后果还很严重。遗弃就是最典型的不作为，父母对嗷嗷待哺的婴儿不进行哺育，子女对丧失独立生活能力的父母不进行照护，这都是遗弃行为。

日本有个非常著名的电影叫作《楢山节考》，导演今村昌平讲述了一个寓言般的故事。故事发生在一个小山村，当地生活贫苦、气候恶劣，为了将有限的粮食留给年轻人，村里的老人到了 70 岁就要被送到村后的楢山上去，任其自生自灭，这就是典型的遗弃行为。以现行法律进行分析，电影中儿子将 70 岁的母亲送到楢山后，表面上看其遗弃行为已经结束，但是儿子并未履行对母亲的赡养义务，所以不管此时他身体是动是静，也不管此时他在从事什么活动，都还在实施不作为的犯罪。此时如果儿子拒不说出母亲所在的位置，导致其他人也无法救助母亲，则可以对儿子进行正当防卫。

德国曾经发生过一起案件，2002 年 9 月 27 日，犯罪嫌疑人 G 绑架了一名银行家 11 岁的儿子，并索取 100 万欧元的赎金。法兰克福警方在犯罪嫌疑人于 9 月 30 日前去收取赎金时将其抓捕。但是在接下来的审讯中，犯罪嫌疑人一再拒绝透露被害人的拘禁地点。警方虽然采取了诸多措施，也仍然无法找到被害人。第二天，考虑到被害人可能由于缺乏必要的饮水和食物已经处在极度的生命危险中，法兰克福警察长官 Daschner 下令在医生的监护下通过对犯罪嫌疑人进行恐吓甚至在必要时对之施加肉体痛楚的方式逼取有关被害人藏匿地点的信息。

这个案件可以有两种解释，一种解释是认为犯罪分子绑架了被害人，只要他没有释放被害人，那么想象上的犯罪行为就一直在持续，此时属于继续犯，警察对其实施恐吓甚至暴力是为了解救被害人，属于正当防卫；另一种解释是认为因为犯罪分子将被害人置于险地，因此犯罪分子负有释放被害人的义务，其拒不履行义务属于不作为犯罪，警察也可以对其进行正当防卫。

美国还通过电影的方式演绎了这个案件，名叫《战略特勤组》。

总之，不法侵害什么时候彻底停止，权利受到侵害的危险什么时候彻底消失，正当防卫就什么时候终止。一定要注意的是，不能要求防卫人承担风险从而压缩防卫时间。不法侵害由施暴人引起，其在实施侵害时就应该认识到被害人会进行反击，所以与其要求防卫人适可而止，不如要求施暴人安分守己。

八、瞎猫碰上死耗子

——防卫认识

案例 8-1

A 想杀 B，B 想杀 C，A 不知道 B 想杀 C。就在 B 即将开枪杀死 C 的一瞬间，A 率先扣动了扳机将 B 杀死，无意间解救了 C。这在刑法上叫作偶然防卫，在生活中可以理解为瞎猫碰上死耗子。

相信大家从小到大肯定看了不少运动比赛，各种比赛中都有可能出现意外的幸运事件，误打误撞进球时有发生。正当防卫里也有这样的乌龙，客观上保护了权益、阻止了犯罪，但是行为人自己却不知道，甚至行为人还是为了犯罪才实施这个行为的。这种场合下，行为人不知道有不法侵害的发生，但却瞎猫碰上死耗子般实施了防卫行为，我们要讨论的是，此时是否认定行为人属于正当防卫。正当防卫是只要防卫结果，还是既要防卫结果又要防卫认识？对此，我国刑法理论上存在两种观点，我们进行一番比较。

第一种观点为“必要说”，即要求防卫人必须认识到存在不法侵害。这是行为无价值的观点。这是从日语中翻译过来的词汇，正确的翻译应该是行为负价值。当然，这其中的观点差异十分复杂，即使专业人士也很难分清。这里只介绍最简单的看法。这种观点认为刑法为什么要处罚行为人呢，不是因为他的行为造成了不好的结果，而是因为他实施这个行为本身就是不好的，那他为什么实施了不好的行为呢，因为他不服从刑法规范，想要挑战刑法。因此是处罚还是不处罚要看行为人是不是想和法律规范作对，只要是想和法律对着干并且付诸行动的就是犯罪，就要处罚，那么不处罚时就必须要求行为人乖乖听话，没有反叛法律的意思。“必要说”认为，有的时候行为是不是一定能造成结果，这谁也说不准，所以为了保护生命，我们只能禁止所有人实施开枪的行为。子弹可不会听从法律的话，即使用超级喇叭向子弹大喊不得杀人，子弹也不会因此拐弯。总之，要想避免结果发生，最迟的时间点是在犯罪人实施行为之时，认定一个行为是好是坏，也只能在行为发生的时候，而不能在行为已经造成结果之后再评价。只要瞄准他人开枪时有犯罪的意思，那么不管开枪之后是否打到别人，都不影响犯罪成立，也不会因为偶然的结果改变对这个行为好坏的评价。

第二种观点为“非必要说”，不要求防卫人必须认识到不法侵害存在，只要最终的结果是好的，其行为就不可能是犯罪。这是结果无价值的观点，你肯定已经知道，准确的叫法应该是结果负价值。这种观点认为，刑法不能仅仅处罚犯罪的想法，只有以坏的想法实施坏的行为造成坏的结果时才是犯罪，三者缺一不可。当然，这里坏的想法是广义的，包括故意也包括过失。结果也是广义的，包括实际的损害，也包括某种隐藏的危险。误以为稻草人是自己的杀父仇人而开枪，由于并不存在活生生的人，所以开枪行为永远不可能导致他人死亡，按照结果无价值的观点，没有坏的结果，只有坏的想法、坏的行为，就不是犯罪，不能处罚。

案例 8-1 中，按照“必要说”，A 并不知道自己的行为能够解救 C，他之所以开枪只是为了杀死 B 而已，因此他一开始就具有挑战、违背、敌对法律的意思，实施的也是杀人行为，最终也导致其目标人死亡，他当然成立故意杀人罪，不成立正当防卫。而按照“非必要说”，A 知不知道自己的行为能够解救 C 那只不过是 A 自己的事情，结果是好是坏要客观地评价。B 想实施故意杀人，C 则完全是一个无辜者，显然在 B 死和 C 死之间非要选择一个时，刑法会认为 B 死是个更好的结果。因此 A 的行为没有造成坏的结果，而是挽救了更值得刑法保护的生命，因此 A 的行为也就不可能是个坏的行为。从而 A 成立正当防卫。

再来看一个案例，比较两种观点的不同结论。

案例 8-2

2023 年一个炎热的周五下午，贫民窟出身的 Z，瘦得跟皮包骨似的，正闲逛在山水庄园。他是个瘾君子，也是小偷，一星期前还因偷车被拘。虽然 Z 想过戒毒重新做人，但即使有家人支持，日子也不好过。他走着走着，看到人行道上有一个人手里拎着一个黑色背包。Z 看了看四周，发现没人注意，心里暗自高兴，就夺过背包飞快地溜了。他也没打开背包看看里面是什么，直到溜进一栋破旧的公寓楼。在楼梯井里，Z 打开了背包，一看，里面有一块钟表，连着电线和一个饼干罐头盒，周围还散落着很多铁钉。Z 一下子意识到，他抢到的是一枚定时炸弹！他吓得不轻，但还算冷静。他赶

紧跑到附近的饭店，直奔服务台，告诉服务员他发现了炸弹。服务员马上打了警察局的电话。几分钟后，警方的爆破小组就到了现场，开始紧急拆除炸弹。专家们发现，这枚炸弹里装了近3千克炸药。幸运的是，他们成功地拆除了炸弹。想想看，如果这枚炸弹爆炸了，根据炸药量和那里的人流量，后果将不堪设想，肯定会造成很多人丧生，这可是一起严重的恐怖袭击事件啊！①

按照“必要说”的观点，Z 并没想干好事，而是想抢夺背包，只不过意外地实现了避免恐怖行为得以实施的好结果。但是不能因为这种意外结果奖励他，因此他不成立正当防卫。按照“非必要说”的观点，无论 Z 心里是怎么想的，都不影响这是一件好事，只要造成好的结果，法律就不可能处罚这种行为，因此 Z 成立正当防卫。

这两种观点都有自己的支持者，在理论上平分秋色、难分伯仲。或许你会认为这两种观点不是难分伯仲而是“卧龙凤雏”，因为现实世界并不可能发生这样的事件，这不过是法律人的玻璃球游戏而已。但是刑法理论对一些具体问题的争议往往不是为了解决具体问题，而是借助具体问题表达对宏观问题的立场。偶然防卫中的两种观点，实际关系到刑法处罚的本质是什么，行为无价值认为要处罚的是恶意实施的坏行为，结果无价值认为要处罚能够造成坏结果的行为。

① 改编自［美］保罗·H. 罗宾逊：《炸弹盗窃与正当性辩护理由》，张旭、刘雨治译，载《当代法学》2004年第4期。

九、正当防卫是打擂台？

——防卫手段

防卫如果明显超过了必要限度，造成了重大损害，那就变成了防卫过当。手段明显超过必要限度，并且因此造成了重大损害，这是防卫过当成立的两个必备条件，二者缺一不可。如果手段没有超过必要限度，或者超过必要限度但是并不明显超过，那么原则上无论造成什么后果都属于正当防卫。因此我们对防卫手段的要求就是：不要明显地超过保卫权利所需要的必要手段。

有人认为正当防卫时必须对防卫手段进行限制，人家赤手空拳你就不能舞刀弄枪，人家只是想废你一只手，你就不能打他的头。这种观点是将正当防卫理解成拳击比赛，忽视了正当防卫是救命用的、是自我保卫用的，不能讲究平等武装。[①] 正规的拳击比赛中，选手双方的体重必须相近，比如一方60千克，另一方不可能是80千克，只有如此才能保证比赛的公平，选出最具有实力的选手。职业比赛中还设置了很多规则，60千克以下选手的手套重量是71克，而60千克以上的选手就需要使用143克的手套，比赛时选手必须佩戴护齿、只能使用拳头进攻而不能……按照上述错误的解释，似乎正当防卫认定的场所不应该是法院，而应该是在武林风的舞台上；是否成立正当防卫不应该听取法官的意见，应该询问格斗比赛的裁判。

首先，防卫手段是否适当的评价时间是事前，不是事后。我们不能站在事后全能的视角认定正当防卫，对防卫人的防卫行为挑三拣四，也不能当马后炮、事后诸葛亮，指责防卫人不够谨慎、下手过重。

案例 9-1

吴某贤原系村民委员会主任，村民吴某弟以旧村改造的地基分配不公为由，多次纠缠村主任吴某贤。2015年10月24日22时许，吴某弟酒后又到吴某贤家吵闹争执，用手推打吴某贤，吴某贤退避后拨打110电话报警，吴某弟仍上前击打吴某贤，吴某贤遂用拳头打、用手掌推吴某弟的嘴、脖子、胸口等部位，致吴某弟摔倒在地

① 参见车浩:《昆山启示录：正当防卫不是拳击比赛而是抗击侵略》，载《刑事法判解》2019年第1期。

头部受伤，后抢救无效死亡。[①] 本案中，如果只考虑吴某弟死亡的结果，大家可能会得出防卫过当的结论，因为吴某弟只不过是想殴打吴某贤而已。但是就防卫手段而言，吴某贤也仅仅徒手进行防卫，只不过意外地导致吴某弟摔倒在地最终死亡，也就是说死亡不是由防卫行为直接导致的，而是由防卫行为间接、偶然导致的。我们不能苛求吴某贤在进行防卫时还要注意到地面是否平整，地板是否有积水。就当时的视角来说，吴某贤的防卫手段是正当的，并没有明显超过必要限度。防卫手段明显超过必要限度是防卫过当的前提，仅有严重后果不能否定正当防卫，因此本案中属于正当防卫。

案例 9-2

2018 年 6 月 24 日凌晨 1 时许，孟某玉与女友温某在广场乘凉，谷某酒后与温某搭讪被孟某玉打耳光。谷某离去后，又拿着红砖返回，持砖击打孟某玉的头部，孟某玉夺下红砖，用拳头与谷某打斗，致谷某趴倒在地。经鉴定，谷某系酒后在外力作用下冠心病发作猝死。本案一审判决孟某玉犯故意伤害罪，判处有期徒刑 5 年。二审改判孟某玉的行为是正当防卫，不负刑事责任。[②] 非常明显，一审法院的判决是错误的，因为其对防卫手段的判断立足于事后视

① 参见浙江省高级人民法院（2016）浙刑终 520 号刑事附带民事判决书。

② 参见河北省高级人民法院（2019）冀刑终 158 号刑事附带民事判决书。

角而非事前视角。事后来看，谷某饮酒受到外力就会促发冠心病发作从而导致死亡。但是这在孟某玉进行防卫之时是不能预测到的，夺下其砖头进行还击是再正常不过的防卫行为，而且也是制止不法侵害的必要手段。

其次，防卫手段是否适当的评价标准要考虑防卫人个人的具体情况，因人而异。面对突如其来的不法侵害，我们每个人都有可能被惊吓，从而惊慌失措、无所适从。美国的著名大法官霍姆斯曾说“在面对举刀的情况下不能要求普通人做出分寸恰当的反应”。[①]英国枢密院认为，在进行防卫时，只要一个受攻击的人仅仅实施了他真诚的、本能地认为是必要的行为即可。[②]德国刑法典中更是规定防卫人由于惶恐、害怕、惊吓而防卫过当，不负刑事责任。

案例 9-3

陈某忠因琐事与骆某发生纠纷，被别人劝开。陈某忠边用剪刀修剪指甲，边与别人聊天。骆某以为陈某忠在骂他，便拿起木棍朝陈某忠打去，陈某忠情急之下用持剪刀的右手由下往上挡开，导致骆某手中的木棍偏离了方向打中了在旁劝架的胡某大腿。同时，陈某忠手持的剪刀刺中骆某的左胸心脏部位。[③]本案中，单独从骆某

① 参见储槐植、江溯：《美国刑法》（第 4 版），北京大学出版社，2012 年。

② 参见 J. C. 史密斯，B. 霍根：《英国刑法》，李贵方，等译，法律出版社，2000 年。

③ 参见江西省高级人民法院（2017）赣刑终 53 号刑事判决书。

实施的暴力行为和陈某忠实施的防卫行为进行比较的话，或许有人认为两者并不相当。因为一般而言，木棍只要不是打到头部，基本难以造成重伤，陈某忠面对仅具有造成其轻伤的行为采取了用剪刀戳刺的手段进行防卫，防卫手段已经明显超过了必要限度。但是如果考虑到陈某忠并不是有意寻找剪刀进行防卫，而是本能地将用于剪指甲的剪刀进行阻挡，以英国枢密院的看法则认为此时防卫手段没有明显超过必要限度。换言之，此时陈某忠是手头有什么就用什么抵挡，并没有认识到使用的是锋利的剪刀。

最后，防卫手段是否适当必须综合衡量进行防卫的难度，施暴人工具越多、人数越多，进行防卫的难度就越高，对防卫手段的限制就越低。电影或者电视剧里我们经常看到男女主角曾经是武林高手，因为各种因素隐姓埋名，处处受人欺负，但是处处忍让，最终实在忍无可忍，以一敌百，打得对方落荒而逃。但这仅仅是虚构的故事，作为休闲娱乐放松精神尚可接受，作为正当防卫的判断标准就显得过于幼稚。

案例 9-4

冉某伟与曾某某系工程合伙人，因工人工资分配发生分歧。曾某某邀约董某某等约 20 人到场为其帮忙助威。事发当日，曾某某与冉某伟在办公室发生争吵，曾某某上前殴打冉某伟，在外等候的董某某等人随即冲进办公室，有人对冉某伟拳打脚踢，有人用钢筋殴打冉某伟，冉某伟用刀胡乱捅刺（事后冉某伟回忆，他自己也不知道从哪儿弄到的刀，他自己事前没有准备刀），致使多人受轻伤或重伤，其中袁某某重伤致死。[①]就防卫结果而言，造成一人死亡，多人重伤或轻伤，不可谓不严重，但是本案中的防卫手段是正当的，因此依旧是正当防卫。冉某伟孤身一人，而对方则是20人，冉某伟不可能靠赤手空拳保护自己。或许有人觉得冉某伟可以先用刀子示威，如果对方仍旧进攻再捅刺也不迟。但是正当防卫是你死我活的斗争，不是拳击比赛，不直接捅刺极有可能让施暴者反应过来将刀子夺下，也可能使施暴者有机会准备其他凶器，更有可能激怒施暴者一拥而上。

案例 9-5

梁某纠集多人，以协商退还交易款为由，强行让袁某宇进入汽车后座，在车上，梁某拿出匕首对袁某宇进行威胁并将袁某宇背部划伤。袁某宇夺过匕首，朝梁某腿部、胸部连刺数刀（第一个行为），在梁某已失去对袁某宇构成现实威胁并向袁某宇求饶的情况下，袁某宇仍然持刀对梁某捅刺数刀导致其死亡（第二个行为）。一审法院认为，袁某宇的行为构成故意伤害罪，判处其无期徒刑。二审法院判决认为，袁某宇的行为具有防卫性质，但超过必要限

① 参见四川省高级人民法院（2015）川刑终字第243号刑事判决书。

度，造成重大损害，属防卫过当，改判其有期徒刑8年。[①]一审法院的判决显然无法令一般民众接受，无期徒刑的处罚远远超过了民众的心理预期。本案中袁某宇实施第一个行为时防卫手段显然并不过当，一方面袁某宇在施暴者的车辆之中，受到对方的控制，并且对方率先使用危险的凶器并已经使其受伤，难以要求其冷静地采取更加平和的防卫手段；另一方面，车外还有其他人在看守，如果不直接采取最有效的防卫方式，有可能被车外的其他人控制，最终小命不保。但是当捅刺数刀后，施暴人梁某已经丧失了侵害的能力，并且已经求饶，此时虽然还存在危险，梁某的求饶可能只是缓兵之计，其纠集的人也可能会攻击袁某宇，可以认为不法侵害仍旧正在进行，还能进行正当防卫，但并不需要再实施捅刺行为，俗话说擒贼先擒王，袁某宇只需要挟持梁某就可以顺利脱险。而且就算认为梁某纠集的人会进行攻击，在梁某没死时他们还会投鼠忌器，害怕袁某宇杀死梁某，一旦袁某宇杀死梁某，他们反而没有了顾虑，也就是说对保护自己的生命而言，袁某宇继续捅刺梁某并不是有效的方式。两个行为是连续实施的，可以认为在时间、地点上紧密联系无法分割，因此整体上就是一个行为，整体成立防卫过当，二审法院的裁判结果是合理的。

防卫人独自面对2人以上施暴人的不法侵害时，必须采取十分激烈的防卫手段保护自己。部分裁判中无视防卫人和施暴人人数、力量对比

① 参见四川省高级人民法院（2018）川刑终字第341号刑事判决书。

上的差异，仅仅因为防卫行为造成了伤亡结果就认定属于防卫过当，这种裁判思路才是明显的“不当”。[①]防卫手段是否正当，必须按照防卫人的处境设身处地地进行想象，并且要保持一种正常的心理——为自己着想、为家人着想。司法工作人员也应认识到，自己办理的案件就是别人的人生，因防卫而入狱，即被打上犯罪的标签，这种标签将影响其家人的生活。

---

① 参见尹子文：《防卫过当的实务认定与反思——基于722份刑事判决的分析》，载《现代法学》2018年第1期。

十、下手不狠，地位不稳？

——防卫限度

上一节我们说到，成立防卫过当要求手段明显超过必要限度，并且造成重大的损害，换言之，只要没有同时满足这两个条件的就是正当防卫。这一节我们具体讨论什么是重大损害，也就是，什么是正当防卫的防卫限度。在此之前我们需要明确，正当防卫可以分成两类，一般的正当防卫和特殊的正当防卫，后者也称无限防卫、无过当防卫。两种不同的正当防卫，其防卫限度的要求是不同的。

一般的正当防卫，对防卫限度的要求较高，但也是最常见的情形。一般的正当防卫对防卫的起因不做限制，只要属于非法的侵害就行。

首先，只要是没有导致轻伤的防卫行为就没有过当。有分析表明，被法院认定为防卫过当的 722 份裁判文书中，涉及 798 名犯罪人，仅涉及 4 种罪名：构成故意杀人罪的 15 人，占比 1.88%；构成故意伤害罪的 773 人，占比 96.87%，其中致人轻伤的 101 人，占比 12.66%，致人重伤的 427 人，占比 53.51%，致人死亡的 245 人，占比 30.70%；构成过失致人死亡罪的 3 人，占比 0.38%；构成过失致人重伤罪的 7 人，占比 0.88%。[1] 换言之，没有人因为防卫导致对方轻微伤而被认定为防卫过当。按照《人体损伤程度鉴定标准》，轻伤是指使人肢体或者容貌损害，听觉、视觉或者其他器官功能部分障碍或者其他对于人身健康有中度伤害的损伤。大家不要以为轻伤很轻，导致吞咽功能障碍，只能进半流食；女性一侧乳房损伤、丧失哺乳功能；肋骨骨折 6 处；断了三个以上脚趾；男性龟头缺失 1/2 以上或一侧睾丸缺失、中度勃起障碍都属于轻伤。

其次，理论上认为只有导致重伤及死亡的才属于严重后果，才能认定为防卫过当。理由在于，第一，正当防卫行为必须是形式上已经构成犯罪的行为，不构成犯罪的行为本身就不可能处罚，也就不需要使用正当防卫制度出罪。比如看到他人盗窃，大喊一声“大胆毛贼，别跑！”将小偷吓跑，此时不需要通过正当防卫制度为我们的行为合理化，因为这并不构成犯罪。而进行正当防卫基本上都涉及对施暴者进行攻击，绝大多数场合都属于一种伤害行为，而我国故意伤害罪只有造成他人轻伤时才能成立，仅仅导致轻微伤不成立故意伤害罪，那

① 参见尹子文：《防卫过当的实务认定与反思——基于 722 份刑事判决的分析》，载《现代法学》2018 年第 1 期。

么轻伤就是防卫行为导致的最轻的结果。比轻伤更低的结果由于不成立犯罪不需要正当防卫进行出罪，只有轻伤以上才属于正当防卫要评价的结果。而《刑法》规定的是只有造成重大损害才可能属于防卫过当，轻伤仅仅是最一般的损害，而不是重大损害。可见重大损害的标准比轻伤要高，损害可以理解成伤害，重大伤害就是重伤。并且，不要认为这样解释重大损害太极端，因为重大责任事故罪中，发生重大伤亡事故最低要求为造成一人死亡或者三人以上重伤，交通事故罪中的交通事故最低要求造成一人以上重伤，和这些犯罪中的“重大”相比，法学家的解释已经算是悠着了。这用了体系解释的方法，一个法条可能具有多种含义，贸然支持某种解释观点我们可能暂时拿不定主意，但是当某种解释方案在 A 法条里行得通，在 B 法条里有道理，在 C 法条里非常有说服力时，我们的顾虑就打消了。这就好像多年前的本科室友结婚了，你却不知道发多少红包合适，是 200 元，500 元，还是 1000 元呢，你犹豫不决。当你问了所有当年的舍友、同班同学，得知他们都送 500 元的时候，相信你至少不会觉得送 500 元没有道理或者不合适。

将“重大损害”理解为重伤及以上结果也被我国最高司法机关认可。最高人民法院、最高人民检察院、公安部、司法部于 2015 年 3 月 2 日公布的《关于依法办理家庭暴力犯罪案件的意见》第 19 条第 1 款规定：……防卫行为造成施暴人重伤、死亡，且明显超过必要限度，属于防卫过当，应当负刑事责任，但是应当减轻或者免除处罚。《正当防卫指导意见》中明确“造成重大损害”是指造成不法侵害人重伤、死亡。造成轻伤及以下损害的，不属于重大损害。防卫行为虽然明显超过必要限度但没有造成重大损害的，不应认定为防卫过当。

再看特殊防卫。《刑法》第二十条第三款规定了特殊防卫，对正在进行行凶、杀人、抢劫、强奸、绑架以及其他严重危及人身安全的暴力犯罪，采取防卫行为，造成不法侵害人伤亡的，不属于防卫过当，不负刑事责任。

对此有两种观点，第一种认为此时因为防卫的起因更加危险、更加紧迫，造成的损害更加重大，防卫人的内心更加紧张，所以不考虑防卫手段是否相当，可以采取任何防卫手段，接受任何防卫后果。第二种理解认为此时仍要考量防卫手段、防卫结果是否适当，并不是说一旦存在强奸、杀人等犯罪行为就可以大开杀戒。

第一种观点比较有道理，法律只能处理普通的案件，也就是法律规则制定之时只能考虑通常发生的一般情况，只要一条规则在实践适用中绝大多数时候能够获得正确答案，那就是有效的、合理的、正当的。在特殊防卫的场合，施暴者常常有预谋、有凶器、有人力，而防卫人则无准备、无工具、无帮手，如果再从立法上限制防卫手段，将极大程度地限制防卫人的防卫积极性，也降低了其防卫行为成功的可能性。按照第一种观点，当然也有可能发生泰森一拳打死抢劫犯的案件，但这是其他受到严重不法侵害的人得以活命的必要副产品。如果为了例外而限制原则，无异于将孩子与洗澡水一起抛弃，属于医得眼前疮，剜却心头肉的短视做法。

如果仅仅追求效益的最大化，仅考虑通常情况，特殊防卫中也不必限制防卫手段。一个最好的解释方案，在当下的一个案件之中或许无法得出合理的结论，但是在未来无数的案件中却可能获得更好的处理结果。特殊防卫中不限制防卫手段与防卫结果就是这样的方案。

十一、误会，还是犯罪？

——假想防卫

前文展示了正当防卫成立的四个条件，即起因、时间、对象、限度，接下来重点讲述正当防卫的最后一个成立条件——意图。即行为人是否可以认识到自己或他人所面对的是不法侵害，而自己所实施的行为目的是阻止不法侵害继续进行。当行为人产生错误认识，误以为不法侵害正在发生，自己发自内心地认为自己的“误伤”是一种正当行为时，便会出现一类非常有趣的法律问题——“假想防卫”。

“假想防卫”，即发生在行为人想象中的防卫行为。例如，2017 年 4 月 5 日 11 时许，被告人李某仔的父亲李某国发现被害人李某裕在本村后山上用柴刀砍伐树木枝条，遂上前制止，双方发生争执。李某仔听到争吵声来到现场，见李某裕手握柴刀与自己父亲争执，误以为李某裕

持刀伤害自己的父亲，立即冲上前去夺刀。夺刀过程中李某仔将李某裕推倒在地，顺势将后者压在身下，双方进行打斗。其间，李某仔双膝跪在李某裕腹部，朝后者身上打了两拳，又用膝盖朝其胸部顶了两下。当李某裕手中的柴刀被他人拿走后，李某仔起身后又朝李某裕胸腹部踹了两脚。经鉴定，李某裕胸部左右两侧共 11 根肋骨骨折，胸腔积液，腹腔积血，回肠破裂，损伤程度为重伤二级。这起案件的发生，源于李某仔的错误认识，当他看到被害人李某裕手持“利器”，正在与其父发生争执时，没有理性判断，误以为李某裕正在持刀行凶，因而实施了“推倒”“压身”“膝跪”“挥拳”“膝顶”“夺刀”“脚踹”等一系列行为，导致被害人李某裕重伤。

法院认为，被害人李某裕虽然发生争执时一直手持柴刀，但这主要是由于案发前其在使用柴刀砍树枝，结合其争执过程中的表现，并无使用柴刀砍伤李某仔父亲的心理以及相应行为。可以说，此时发生的争执一定程度上并不构成不法侵害，甚至连双方互相斗殴都不是，毕竟只是言语上的争吵。而当李某仔看到被害人持刀与其父发生争执，误以为被害人欲持刀行凶，便上前夺刀并发生一系列打斗后，才进入了刑法的评价视野。加之，在被害人手中的柴刀被他人拿走后，李某仔仍朝躺在地上的被害人胸腹部踹了两脚，具有明显的伤害故意，不构成正当防卫或防卫过当。据此，认定李某仔故意伤害他人身体，致人重伤二级，构成故意伤害罪。法官认为，正当防卫是以客观存在的、正在发生的不法侵害为前提，如果本就不存在不法侵害，所谓的“防卫”行为是基于行为人的错误认识而导致的，则构成“假想防卫”。况且，即使不法侵害真的存在，当其“防卫”行为明显超过必要限度且造成重大损害时，也属于一种防卫过当，构成相应的犯罪。本案中，被告人李某仔误以为被害人李某裕持刀是想伤害其父亲，而致被害人重伤。因而，法院认定构成假想防卫，成立故意伤害罪。

什么是假想防卫？顾名思义，就是在当事人的视角中，发生了针对自己或他人的不法侵害，且这个侵害行为正在发生，为了阻止侵害行为的持续而实施的阻止行为；然而客观情况是，当事人由于主观认识偏差，所谓的不法侵害完全是当事人自己臆想或者猜测的。虽然从当事人的恶意程度来看，这种假想防卫似乎与“冤枉好人”别无二致，但是仔细分析，假想防卫在程度上更加恶劣。“错怪好人”往往是冤枉他人，将他人一些无意甚至善意的行为，当作恶意行为来对待，其后果至多是导致他人寒心，深感“好心当成驴肝肺”。而化解这种矛盾的办法，通常只需要当事人赔礼道歉，解释清楚自己错怪后者的原因后，往往可以很大程度上得到对方的原谅。但是假想防卫则不同，行为人不仅错怪了他人，还对他人采取了积极的“防卫”行为，且行为往往涉及暴力。根据暴力行为的不同以及所导致的不同后果，先不讨论被害人是否原谅的问题，其可能直接就构成相应的刑事犯罪。例如，当行为人实施伤害行为并造成被害人重伤时，可能构成故意伤害罪或过失致人重伤罪；当行为人实施伤害行为并造成被害人死亡时，就可能构成故意杀人罪、故意伤害致人死亡罪或过失致人死亡罪。

对于假想防卫的定罪，本案将其认定为故意犯罪——故意伤害罪。但是故意犯罪要求行为人积极主动地追求伤害后果或者放任伤害结果发生，而假想防卫多是一种激情犯罪，它发生在行为人在特定情形下，由于自己疏忽大意或刚愎自用的错误判断，以为自己可以因正当防卫这一出罪事由而获得法律的宽宥，实则完全判断失误。无论是自己的主观判断出现了重大偏差，还是客观条件使得行为人无法清晰地认识到现实情况，当事人均是一种过失的心理状态。正如李某仔在紧张的状态下，难以短时间内认识到被害人李某裕持有柴刀与其父争执的行为只是因为其事前正在砍树枝一般，其很大程度上属于一种冲动状态下刚愎自用的过失。法律一定程度上可以对行为人的过失行为予以宽宥，因行为人过失心态所反映出的罪责显然小于故意心态下的罪责，前者甚至还出于保护他人生命利益的初心。因此，采用严厉的刑罚并不一定能够实现很好的预防效果。反之，如果行为人的行为出于一种直接故意或者间接故意的心理，则应当立即否定行为人的假想防卫，认为其为了实施打击报复或者激情犯罪，积极或者较为积极地追求危害结果的发生，更多是一种对正当防卫制度的不法利用，法律自然没有宽缓行为人的必要性。

理论上可以进一步认为，正当防卫制度所要求的防卫意图，是一种对防卫行为的故意，行为人非常清楚自己所实施的行为是为了防止不法侵害；纵使其超越了必要限度，也只对超出必要限度的部分承担过失的责任。例如，一位社会闲散人员正在街道上通过采用吹口哨、吓唬人等方式无故挑衅他人，如果其更多只是语言或者轻微身体动作挑衅，而非要实施严重暴力行为，被挑衅的路人虽然可以进行一定程度的防卫，如推搡或者大声呵斥，但不能直接以正当防卫之由，利用棍棒、刀具等进行防卫。如果构成致不法侵害人重伤或死亡，就很可能被认定为防卫过当。反观假想防卫的防卫意图，行为人首先是对不法侵害的发生产生了错误认识，这种错误认识或是基于疏忽大意，或是基于过于自信，因而虽然行为是故意的，但是对自己行为所产生的法律后果更多是一种过失的心态。司法实践中将此行为认定为一种故意犯罪，显然有悖假想防卫的基本原理。当然，对于成立假想防卫，或者认定行为人构成过失心态，还应当进行严谨的理性判断，既要换位思考，按照行为人在行为时的主观想法、思维方式来判断；也要借助大众的正义直观，对案发时的客观情景、行为的合理程度进行评判，不可偏废。例如，行为人张某十分迷信，在与邻居发生争执后，被邻居恶语相加甚至被诅咒“厄运缠身”，其后续确实接连遭遇挫折。张某坚信自己的苦难是由于邻居的诅咒所致，因而对邻居实施了伤害行为并导致后者重伤。在该案例中，如果仅以行为人的视角换位思考，确实可以充分理解一个非常迷信的人在接连遭遇厄运后，极有可能会将自己的苦难归因于邻居的诅咒，并将后者视为一种无法容忍的不法侵害。但是，站在寻常大众的视角下，张某的想法可谓荒谬之极，而荒谬想法下所实施的伤害行为，既不是“疏忽大意”，也不是“过于自信”，而是一种带着强烈的愚昧气息的故意之举，这种愚昧显然与“原因自由行为”类似，并不值得法律宽恕，行为人要为自己的愚昧买单。

因此，假想防卫可不只是简单的误会，往往还夹杂着暴力行为，如果造成了较为严重的后果，可以构成相应的过失犯罪，受到刑法的处罚。

十二、为了以身相许可以吗？

——防卫目的

正当防卫除了需要行为人有防卫认识，能清醒地认识到不法侵害正在发生，正当防卫是否需要有明确的防卫目的，也是讨论的一大重点。

什么是防卫目的？就是防卫人在实施防卫行为时，出于什么样的动机或者想要追求什么样的效果。《刑法》第二十条中明确列明，正当防卫应当“为了使国家、公共利益、本人或者他人的人身、财产和其他权利免受正在进行的不法侵害”，而制止相应的不法侵害。但是问题在于，目的是一个非常主观的内容，如果防卫人主要是为了出名或者获得利益，顺带借助符合正当防卫成立条件的情节来实现，这种行为正当但是目的不妥当的做法，是否可以评价为正当防卫，历来是正当防卫制度所探讨的一大难题。

案例 12-1

张某男对同事李某女素有好感，某日，李某女在下班途经一处漆黑小巷时，被社会闲散人士刘某从背后搂抱、摔到地上并用身体压在其身上欲图不轨。张某男正巧路过，本想不闻不问的他却突然发现被侵害人是自己心仪已久的李某女，为了获得李某女的喜爱，张某男遂捡起路边的板砖冲上前去砸在刘某后脑，致刘某昏厥。刘某后续被医院诊断为重度脑震荡，构成重伤。

在案例 12-1 中，可以看到张某男明确认识到李某女正在受到不法侵害，且立即采取了相应的制止行为，客观上也制止了刘某的不法侵害。但是张某男起初未认出被侵害人时，本欲装作不知情，而在发现被侵害女子是李某女时，出于“英雄救美”的动机才对侵害者予以制止，这种意图下的行为属于正当防卫吗？

一种意见认为，正当防卫中的防卫人需要具备防卫意图，而防卫目的是防卫意图的重要组成部分，同样需要具备正当性。如果防卫人在防卫过程中所追求的危害后果是出于其他目的，会违背正当防卫的宗旨，因而不应当认定为正当防卫。张某男所实施的行为，完全是为了获得李某女的好感，其动机并不单纯，甚至称得上完全出于私利，因而否定其防卫行为的正当性。

另一种意见认为，正当防卫的防卫意图并不需要防卫目的，防卫人不管是基于对不法侵害的制止，还是出于想要心仪姑娘“以身相许”，抑或是想要有钱人“知恩图报”，只要其针对的的确是不法侵害行为，实施的行为以及相应后果并非与所发生的不法侵害有明显不妥之处，便可以认定构成正当防卫。简言之，在认定正当防卫时，不需要考虑防卫的目的，只要防卫人认识到不法侵害正在发生，自己基于何种动机实施则不属于法律需要介入的范畴。在绝大多数情况下公与私并不是矛盾的，例如历史上商鞅变法中的“军功爵禄制度”规定，秦国的士兵只要斩获敌人首级，便可以获得相应的爵位和田宅。斩杀的首级越多，获得的爵位就越高。在军功爵制的激励作用下，将士们一方面为国而战，为秦国开疆扩土；另一方面也是为自己而战，为宗族而战，二者并不矛盾。

案例 12-2

张某为一名女扒手，某日，其在偷窃他人财物后途经一处漆黑小巷时，被社会闲散人士王某从背后搂抱、摔到地上并用身体压在其身上欲实施强奸。张某误以为王某想抢劫她好不容易偷来的钱财，便掏出随身携带的水果刀刺伤了王某并导致后者重伤。

在该案中，不法侵害人王某所欲实施的是强奸行为，而张某却误以为王某要实施抢劫行为，进而实施了相应的防卫行为，并造成张某重伤。这里就存在一个防卫目的的错位，即张某的防卫目的是阻止王某的抢劫行为，但客观上阻止了王某的强奸行为。是否应当因为防卫目的与客观情况不符，而否定其成立正当防卫呢？诚然，王某的行为并非出于精准的防卫目的，存在一定程度上的主观过失。但是仅凭对客观事实的事后判断，便让防卫人承担相应的责任，显然属于不当限缩公民反抗不法侵害的做法。对于防卫目的是否需要精准，应当结合侵害行为的方式、轻重缓急与危险性、保全法益与侵害法益等因素，并结合侵害时防卫人可运用的防卫措施等客观情形做出判断，需要评价者站在中立的立场，结合防卫发生时的具体情境做整体的、假定的判断。张某在夜晚经过偏僻小巷时被王某从背后抱摔，张某此时不管将其判断为“劫财”还是“劫色”，都无法否认不法侵害正在发生的客观事实。尽管张某是一名扒手，但是扒窃的行为与本案并无关系，一个女子在晚上受到成年男子的贴身攻击，刚好自己携带水果刀，这种情况下法律也不会期待防卫人不会使用水果刀，转而寻找其他危险性较低的工具。法律不强人所难，不会要求防卫人在紧急状况下必须精准判断侵害人的意图，自然其防卫目的是否精准也就显得不必要了。因此，张某即使在不具备防卫目的时采取防卫措施对侵害人造成伤害，也不能认为其主观上具有刑法意义上的过失。

再回到正当防卫制度，本书更加赞同“防卫目的不要说”。在不法侵害正在发生的场合，防卫人已经认识到存在不法侵害，而这个不法侵害直接威胁国家、公共利益、本人或者他人的合法权益，而采取制止不法侵害的防卫行为，只要其手段和结果保持在没有明显超出必要限度的范围之内，就足以认定其为正当防卫了。至于防卫人出于什么样的防卫目的，对于捍卫国家、公共利益、本人或者他人合法权益的制度出发点而言，显然已经不那么重要了。本书所举的“英雄救美”的案例（案例12-1），是为了更形象地向读者展示防卫人即便出于这类特殊的防卫目的，依然可以认定为正当防卫；而“防卫目的混淆”的案例（案例12-2），则说明即便防卫目的与客观情况不一致，依然可以实施正当防卫。那么，对于生活中更常见的情形，防卫人在自己或他人受到不法侵害时，出于恐惧、害怕、亢奋等情绪而实施的本能还击，虽然其防卫目的更多的是一种趋利避害的本能，显然也会影响正当防卫的构成。在认定正当防卫时并不需要考虑防卫目的，正当防卫中的防卫意思，只要是与行为发生时存在的客观事实相对应就足够了。

第十三、有备真的无患吗？

——防卫装置

防卫装置，指的是行为人为了防止不法侵害，利用物理、化学等方式设置防卫设施，典型的防卫装置包括架设电网、铺设玻璃碎渣、设置陷阱等。行为人预先设置防卫装置，往往是为了保护合法权益免受不法侵害，因此其与正当防卫是有着紧密联系的，实践中对于设置防卫装置的争议，也集中在这种行为是构成正当防卫，还是构成过失或故意犯罪之上。

对于不法侵害进行必要的预防和反击，是人类进行自我保护的一种本能。当国家在特定情况下无法对民众提供有效保护时，国家赋予民众在此时享有一定的自力救济权，即当防卫人的合法权益受到不法侵害时，可以在被逼无奈的情况下预先设置防卫装置。防卫权的行使一方面可以对不法侵害者本人起到警告、震慑作用，实现特别预防效果；另一方面，也可以警告社会上潜在的危险分子，实现一般预防效果。

在科技不断进步、犯罪类型不断增加的今天，那些被不法侵害所困扰的民众提前设置防卫装置，更多是一种无奈之举，而非一种“恶霸”行为。由于在特定情况下，设置防卫装置具有一定的正当性，正如给侵略者入侵的路线上埋下地雷一般，对于那些根本无法受到及时救济的情景，设置防卫装置完全属于正当防卫能够涵涉的范围。这类场合中，将相关责任归咎于防卫人显然与大众正义观相违背，即便造成了不法侵害人重伤甚至死亡的后果，也不能“唯结果论”地一概认为构成犯罪，应当充分结合不法侵害的程度和防卫人所设置防卫装置的危害性等进行综合评判。因为如果对自动设置装置成立正当防卫设置非常严格的门槛，那么从防卫人开始自行救济、设置防卫装置的那一刻开始，一只脚就开始踏入监狱大门了，而这样的局面显然在助长不法侵害者的嚣张气焰。

例如，张某平日里游手好闲，为了生存经常入户偷盗同村村民的财物，小至粮食，大至家中的金银首饰。大家为了防止被盗，各家在墙头上用水泥和玻璃碎片浇筑了防护带，试图起到劝诫作用。某日，张某翻上李某家的墙头意图入户盗窃，由于手被玻璃碎片割破导致摔下墙体，造成脊椎严重受损，经鉴定构成重伤。

理论界有的学者认为，设置防卫装置应当满足一系列的苛刻条件，如必须具备时间上的紧迫性、防卫手段具有唯一性、防卫具有必要性、防卫人尽到了注意义务等。那么就本案而言，首先，偷盗行为是否属于紧迫的不法侵害呢？很显然，防卫人所设置的防卫装置属于一种提前的、不定向的预防，不仅不紧迫，甚至防卫人压根儿不知道不法侵害人何时会采取侵害行为。其次，防卫手段是否具有唯一性呢？显然这一条件也不满足，面对村里频繁发生的偷盗行为，防卫人完全可以通过报警或由村民组织夜间巡逻来避免，或者更换门锁、加高墙体等，浇筑玻璃碎片显然也不是唯一的手段。再次，防卫是否具有必要性呢？在本案中，虽然防卫人有时会遭受一些经济损失，但是与所造成的重伤结果相比，偷窃所侵犯的法益显然与重伤害这样的身体法益无法同日而语，即便保卫合法财产，似乎也应当设置报警器等平和手段，而不是直接设置具有危险性的防卫装置。最后，防卫人是否尽到了充分的注意义务？防卫人在设置防卫装置及玻璃碎渣后，并未广而告之，即便这些玻璃碎片肉眼可见，但在黑夜，“梁上君子”张某显然没看到任何警示标语，否则他或许会提前敲掉玻璃渣，或许会穿戴防止手被扎的手套、鞋子等装备。从这些角度来看，本案所设置的防卫装置似乎难以满足这几个条件，更不要说同时满足了。

但是，本书认为设置防卫装置虽然需要进行一定的限制，但是这种限制应当是在合理范围内的。因为成立正当防卫的条件越苛刻，不法侵害人受到抵抗的概率就越小，公众受到不法侵害的概率也就越大。民众在担心受罚的情况下，很难再去设置防卫措施，正当防卫所具有的一般效果也就大打折扣，这显然是法律和民众都不愿意看到的。在一些警力不足或无法预防不法行为的场合，预先设置防卫装置并不意味着对他人权利的蔑视或对国家权力的侵犯。恰恰相反，这是一种社会公权力机关治理不足背景下的产物，如果在发生类似偷盗行为时，警察可以及时地抓获犯罪分子，想必绝大多数民众也不愿意费时费力地设置防卫装置。显然，村民在报警后，依然无法吓阻不法侵害人，无奈之下才采取设置防卫装置的手段。而由此造成的重伤后果，虽然较入户盗窃而言有些严重，但是该严重后果并不能完全归咎于防卫人。不法侵害人擅自闯入他人的住处，本就是侵害了他人生活的安定性，而其被玻璃渣划伤不慎坠落，也更多归咎于不法侵害人的疏忽大意。毕竟，不法侵害人自陷风险的行为，即便被划伤也并未超出明显限度，其坠落更多是由于自己的不慎所致。因此，本案中设置防卫装置的行为并未超出必要限度。假

如换个场景，倘若防卫人为了防止“梁上君子”光顾，在院墙上私设电网，且未采取任何警告标语，张某在翻越墙头时触电身亡或者摔下导致重伤，由于私设电网是一种非常严重的行为，有非常大的概率会导致不法侵害人重伤或死亡，且私设电网与偷盗财产完全不在一个限度之内，即明显超出了必要的限度，那么防卫人就应当为自己的行为以及所产生的后果负责。

十四、借刀杀人

——防卫挑拨

“防卫挑拨”，指的是行为人出于侵害他人的意思，对自己意欲侵害之人施以挑衅、引诱等手段，使他人率先对自己发起攻击，然后借助“正当防卫”事由对他人加以侵害的行为。防卫挑拨在民间常常被视为一种“撩闲”“没事找事”的行为，虽然在形式上似乎与正当防卫的成立要件相吻合，但由于挑拨人不具有防卫的意思，而是自始至终都想着积极加害他人，因此需要擦亮眼睛，抽丝剥茧地将这类行为认定为一种有预谋的故意犯罪，而非正当防卫。

案例 14-1

张某因琐事与邻居李某发生争执并怀恨在心。一日，李某从王某门前路过时，张某乘机将李某的裤子脱下，并大声嘲笑辱骂李某，造成邻居围观，李某勃然大怒，双手将张某向后推去。张某立即拿出事先准备好的立在门口的镐把，将李某打成轻伤。

在该案件中，如果只截取这样一个片段，张某与李某开玩笑发生争执，李某暴怒并率先出拳攻击张某，张某为了阻止李某对其的不法侵害，而拿起附近的镐把进行还击，在将李某打成轻伤后成功地防止后者的不法侵害，未超过明显必要的限度，构成正当防卫。这样的解释的确反映出“防卫挑拨”与正当防卫在外观上高度一致，如果不完整揭示案件的前因后果，抑或将张某之前的侮辱行为理解为简单的“开玩笑”，那么便会使得案件变得扭曲，落入挑拨者设计的陷阱。

对于防卫意思的认定，需要进行完整全面的考察评价，不能孤立地进行片段式的评判，应当从挑拨行为开始算起。防卫挑拨成立的第一个条件是，挑拨行为在社会大众看来，只有属于一种容易导致他人情绪失控且至少属于违法行为时，被挑拨人才能以轻微的损害或者伤害的方式予以制止。反之，则属于一种得理不饶人式的过激甚至犯罪行为。例如，当中国政法大学公布考研成绩后，某同寝室舍友去饭店聚餐。其间，取得450分的小张安慰只取得270分的小李，认为小李平时复习不努力，现在后悔也没用，不如改头换面从头再来，或者更换赛道去从事律师行业。小李本就难受，加之小张说了实话更加羞愧难当，随即拿起饭桌上的空啤酒瓶把小张“爆头”，又拿起另一个啤酒瓶想继续伤害不尊重自己的小张，小张立即举起座椅将小李砸伤，才停止纷争。经诊断，小李被砸成轻伤。在这个案件中，小张的行为是正当防卫还是防卫挑拨呢？这就必须对小张对小李的语言进行剖析，虽然在小李眼中，小张的劝告非常“刺耳”，尤其是小张所取得的450分成绩可谓是震古烁今，而自己的分数却连国家线都未达到，这样的劝说无异于压死骆驼的最后一根稻草，和辱骂自己无二。但是对于挑拨行为的判断，必须结合社会一般观念，在大众眼中，小张所发表的言论并无不当之处，甚至完全出于对舍友的热心肠，想帮助小李走出阴霾，并无任何不当之处。因此，小张的言论虽然也谈及小李不努力的事实，但是并非利用此言挑拨小李对其进行侵害，以造成正当防卫的外观而加害小李，因而不能认定为防卫挑拨，反而属于非常典型的正当防卫。

防卫挑拨成立的第二个条件是，挑拨行为所导致的反击不能超出必要的合理限度，一旦超过合理限度，挑拨人的身份就会发生转变，从施暴者变成了受暴者，并获得了法律上的防卫权。如案例 14-1 中，李某在张某的当众侮辱下羞愤难当，其采取的反击也仅仅是常人争执过程中极易发生的推搡动作，并不属于明显失当或者会导致张某发生严重危害的手段。此时，张某应当停止其侮辱行为，为其行为道歉，而不是变本加厉，借助被挑拨人在气头上的攻击行为而加倍还击。然而，如果换一种情形，即李某在受到张某侮辱嘲讽后，立刻回屋拿出菜刀砍杀张某，要与张某一决生死。这样的情形下，李某的行为就不再属于正当防卫保护的范畴，而属于防卫升级下的故意犯罪，张某无论拿起镐把进行还击，还是回屋里拿出菜刀进行防卫，都属于合法的范畴内。所以，在社会一般民众看来，当挑衅行为足以使一般人陷入情绪失控状态而实施违法行为时，也不能明显超出合法的限度，应当主要采取以轻微伤害为限度的回应。

防卫挑拨成立的第三个条件是，防卫人的反击有非常充足的心理预期，对于无法预料的突发状况进行防卫，则不属于防卫挑拨。

案例 14-2

2011 年 4 月 2 日，被告人何某受徐某某指派，多次主动拨打曾某电话，通话中言语刺激、相互挑衅，致矛盾升级激化。特别是在何某第一次主动拨打曾某电话后，便对曾某可能带人上门打斗有了明确的判断，自己也立即采取了纠集人员、准备工具等行为。且在人员到位、工具齐备的情形下，何某再次主动拨打曾某电话，继续进行挑衅。当曾某一方多人在公司大门外下车持刀进入公司大楼时，何某等人敞门持刀以待。随后双方发生激烈械斗，均不同程度受轻微伤。在该案件中，何某采取语言刺激行为，刺激曾某率领多人、携带管制刀具前来斗殴；自己也在组织人手，并让手下都携带管制刀具，敞门持刀以待。这种情况下，何某与曾某聚众斗殴的意图非常明显，即便何某等人属于“守株待兔”，并未积极主动地发起打斗。但是从法律效果而言，其所实施的言语挑拨、纠集人手、持有刀具等一系列行为，根本不具备正当防卫的合法性来源，属于典型的防卫挑拨。

因此，对于防卫挑拨的认定，应当遵循“挑拨→攻击→反击”过程的连续性进行全面考察，不能分割案件事实。挑拨者只有当其行为较为过激且达到违法程度时，才构成防卫挑拨，一般的语言攻击只能视作被害人过错，在量刑上予以适当考量即可。被挑拨者的攻击，也应当保持在一定的程度范围内，至少与挑拨者的挑拨行为保持一定的适配性，遵循比例原则，一旦采取明显超出必要限度的攻击行为，挑拨者也将获得相应的防卫权。

十五、防卫是犯罪吗？
——正当防卫的刑事责任之一

正当防卫制度，这个听起来有点“高冷”的法律名词，其实需要更“接地气”。作为各国刑法总论中不可或缺的一部分，其重要性不言而喻，在理论上已经得到了深入的探讨和研究。然而，在现实中，我国司法界在适用正当防卫制度时却显得相对保守和僵化，其适用范围和空间相对较小。这种状况导致了一些明显违反民众正义观的案件发生，使得公众在面对不法侵害时，不得不思考“如果我是防卫人，我该如何选择”的问题。

近年来，一些轰动一时的案件引起了社会的广泛关注。这些案件中，不乏被认定为故意犯罪的防卫行为。这样的判决结果不禁让公众感到困惑，难道我们的正当防卫制度只是鼓励我们逃跑吗？正当防卫究竟是法律赋予我们与不法分子斗争的尚方宝剑，还是束缚我们手脚、劝我们退缩的紧箍咒呢？这些质疑反映了公众对正当防卫制度适用现状的不满，也提醒我们有必要对正当防卫制度进行更深入的思考和改革。

正当防卫制度的核心在于保护公民在面对不法侵害时的合法权益，这一制度应当在司法实践中得到有效的适用。我们需要从以下几个方面对正当防卫制度进行改进，使其更加“接地气”。

首先，需要扩大正当防卫的适用范围。当前，正当防卫的适用范围过于狭窄，往往只限于针对正在进行的不法侵害行为。然而，在实际生活中，不法侵害往往具有多样性和复杂性，有时难以准确判断其是否正在进行。因此，我们应该将正当防卫的适用范围扩大到包括针对已经发生的不法侵害行为，以及针对即将发生的不法侵害行为的防卫行为。

其次，需要明确正当防卫的必要限度。正当防卫的必要限度是判断防卫行为是否合法的关键。然而，在实际操作中，往往存在对必要限度理解不清、把握不准的情况。为了解决这一问题，可以通过制定司法解释、发布指导性案例等方式，对正当防卫的必要限度进行明确和细化。同时，还可以借鉴其他国家和地区的先进经验，完善正当防卫的认定标准。

最后，需要加强对正当防卫制度的宣传和教育。当前很多公民对正当防卫制度了解不足，甚至存在误解。这导致他们在面对不法侵害时，无法正确运用正当防卫制度来保护自己的合法权益。因此，我们应该加强对正当防卫制度的宣传和教育，提高公民的法律意识和自我保护能力。

总之，正当防卫制度作为保护公民合法权益的重要手段，需要得到更加有效的适用，通过扩大适用范围、明确必要限度以及加强宣传教育等措施，使正当防卫制度更“接地气”，更好地发挥其在维护社会公正和社会稳定中的作用。

十六、受伤就不用处罚吗？

——正当防卫的刑事责任之二

正当防卫向来不只是法律条文中冷冰冰的规定，也不是“以暴制暴”的蛮干，而是公民手中的“正义之剑”，是一场光明磊落、正义凛然的“战斗”。它不仅是法律赋予每个公民捍卫自己的合法权益的基本权利，更是一场正义与非正义之间的较量。在这场较量中，伸张正义的一方并非通过以暴制暴的方式取得胜利，而是积极运用法律武器捍卫自己的合法权益。因此，司法体系应当坚决鼓励和支持公民在遭受不法侵害时，勇敢地行使正当防卫权。

我们必须明确一点，不能因为不法侵害人可能在防卫过程中受伤，就对防卫者加以限制或惩罚。这种“唯结果论”的做法显然是不合理的。在我国刑法中，只有当正当防卫行为明显超过必要限度并造成重大损害时，才会被认定为防卫过当。这意味着，在绝大多数情况下，公民在遭受不法侵害时有权进行必要的自卫。但是，在司法实践中经常出现“重结果论”的问题，需要予以及时纠正。即在防卫限度上，司法机关的重点工作往往在于对比双方的伤势是否均等，如果防卫人的伤势明显轻于对方（同时也是不法侵害人），很有可能因此被认定为防卫过当。司法机关在过去的工作中，存在较为严重的“重结果”“轻手段”的倾向，随着最高人民检察院指导性案例“于某明正当防卫案”的颁布，防卫限度的评价重心已经逐渐从结果转向手段，重点关注防卫人所采取的防卫行为，而非由结果倒推行为，即便不法侵害人在这个过程中也受到了伤害，依然要对不法分子进行法律上的否定评价。

例如，“于某明正当防卫案”中，被害人“龙哥”取出一把砍刀连续击打于某明，后被于某明反抢砍刀并捅刺、砍击数刀，“龙哥”身受重伤，经抢救无效死亡。该案中防卫人虽然在面对不法侵害时，采取夺刀的行为对不法侵害人进行反击，二者的手段可以说是完全一致的。但是问题在于，于某明仅仅受了轻伤，而“龙哥”却被杀死，伤害结果大相径庭。该案发生后，实务界和理论界对于案件定性产生了较大分歧，不少人认为于某明对“龙哥”连砍数刀的行为属于防卫过当，超出了必要的限度。但与之相对，普通民众几乎“一边倒”地认为，不法侵害人“龙哥”属于死有余辜，而防卫人于某明的行为则属于“正对不正”的正当防卫。认为于某明所受伤害与“龙哥”失去生命在伤害程度上不相应的声音，显然属于典型的“唯结果论”，即将正当防卫的判断局限于防卫结果之上，忽视对行为手段和不法侵害程度的关注。但是这种意见实则会让防卫人的合法权益受到更大的威胁，难道只有在防卫人快要被杀死之际，才可以夺刀进行反击吗？此时，他是否还有反抗能力还未可知呢！因此，防卫过当的判断应当重点考察防卫手段与不法侵害的手段，只要二者没有出现明显的不相称，就不能认定其明显超过必要限度。例如，假设不法侵害人只是因争执而对防卫人进行推搡，且没有其他过激行为，防卫人却径直用刀具对被害人一顿乱捅，这显然属于防卫过当，甚至可能直接构成故意杀人罪。

对于那些造成不法侵害人重伤或死亡的案件，我们不能简单地采用“死者为大”或“各打五十大板”的做法来处理。这种做法忽略了案件中的不法侵害事实和不法侵害程度，导致正义无法得到伸张。司法部门必须对正当防卫、过失犯罪和故意犯罪做出明确的区分，确保每个案件都能得到公正的处理。应当认识到，正当防卫案件中的防卫人通常处于孤立无援的紧急状态，无法像旁观者那样进行冷静客观的判断。因此，只要防卫人的反抗行为没有明显超出必要限度，就不应将其认定为过失或故意犯罪。

正当防卫是法律之光下的正义之战。它不仅是公民维护自身权益的重要手段，更是社会正义和法治精神的体现。我们应当鼓励和支持公民在遭受不法侵害时勇敢地行使正当防卫权，同时确保司法体系能够公正、公平地处理相关案件。

十七、还需要赔偿吗？

——正当防卫的民事责任之一

如果防卫人实施的行为被判定为构成《刑法》上的正当防卫，那么对于防卫人所造成的损失，在民事领域需要进行赔偿吗？这个问题也非常值得关注。

案例 17-1

2016 年 3 月 14 日，江门电视台记者岑某、路某与马某 1、马某 2 到台山市郭某经营的店铺进行采访。在店铺中，由于店主郭某拒绝被拍摄，并要求路某等人删掉已拍摄的内容，与岑某、路某、马某 1、马某 2 发生争吵，并试图抢夺路某手中的摄像机。双方发生冲突，郭某受伤。经鉴定，郭某所受的伤为轻微伤。法院指出，郭某抢夺路某手持摄像机的行为属于对他人财物的不法侵害，路某等人的制止行为属于正当防卫。但是由于制止行为超出了必

要的限度，导致郭某遭受轻微伤，属于不应有的损害，因此需要承担相应的民事赔偿责任。

该案件虽然是一个民事案件，但是依然可以讨论《刑法》上正当防卫与民事责任之间的关系。本案中，店主郭某率先抢夺路某等人的合法财物——摄像机，这就属于正在发生的不法侵害，陆某等人与其发生冲突，并造成郭某受伤。环顾全案，可以明显发现郭某与路某等人发生冲突的原因在于，郭某不愿意接受记者的采访，且要求路某等人删掉已拍摄内容；遭到路某等人拒绝后，郭某虽然先行抢夺路某手中的摄像机，但是也仅仅基于删除录像的目的，不同于抢劫行为，即并不会对路某等人的人身安全产生影响。而路某等 4 人在面对郭某试图抢夺摄像机的举动时，完全可以将其控制或者隔绝开，随后请求警方的帮助。而他们却仗着自己人多，加之有着郭某先行抢夺摄像机的事由，导致郭某轻微伤，虽然不至于达到刑法上的防卫过当，但是依然不为民法所认可。民法允许一定的自力救济，但是不允许这种将维权暴力化、复杂化的方式，因此，法院判决路某等人应当对郭某的受伤结果负责，赔偿损失。

在司法实践中，不难发现其实存在着众多与上述案件类似的、程度较轻的民事防卫过当案件。这些案件往往涉及当事人在面临不法侵害时，采取了一定的防卫措施，但防卫行为的结果却超出了必要的限度，造成了一定的损害。对于这类案件，如果防卫行为造成的损害后果较严重，如导致对方重伤或死亡等，法官在司法判断中，通常会以构成正当防卫为由，认定防卫人无须承担法律责任，认为其在紧急情况下采取了必要的、合理的自卫手段。然而，问题就在于民事与刑事在违法性程度上存在本质差异。对于民事责任来说，其关注点更多的是当事人之间权益的平衡与保护。因此，即使防卫行为在刑事上被认定为正当防卫，但在民事上，如果其防卫行为造成了轻微的伤害或损失，防卫人依然需要依照《中华人民共和国民法典》（以下简称《民法典》）中的侵权责任条款，对不法侵害人进行一定的赔偿。这种处理方式在司法实践中显得尤为必要。因为，从法律的角度来看，即使防卫行为是出于自卫的需要，但如果其防卫行为超出了必要的限度，造成了不应有的损害，那么防卫人仍然需要对自己的行为负责，对受害人进行赔偿。这既体现了法律对公民权益的保护，也体现了法律对公民行为的规范和约束。

基于法秩序统一原理，刑法作为最后法、保障法，在刑事领域评价为合法行为的，在民事领域不一定合法；在民事领域认为是合法行为的，在刑事领域则自然会被评价为合法。这种评价的差异不仅不会违背法秩序统一原理，反而是对不同部门法规范保护目的的精准评价。刑法所允许的防卫限度自然更大，一部分民法所禁止的行为依然可以排除在刑法犯罪之外，这也是刑民有别的必然结果。刑法作为宽容度最高的法律，只对严重违法的行为处以刑罚，但刑法的容忍并不表明立法者对不成立犯罪，但在民法中防卫过当的行为不予理睬。恰恰相反，对于因防卫过当不成立犯罪的，如果构成民法中的防卫过当，依然要对所造成的损害予以赔偿；只有在民法中也符合正当防卫，才不会承担任何责任。

在具体的司法实践中，如何准确判断防卫行为是否超出了必要的限度，如何平衡防卫人与不法侵害人之间的权益，都需要法官根据案件的具体情况，结合法律规定和司法实践，进行深入的思考和判断。只有这样，才能确保司法公正，确保公民的合法权益得到充分的保障。

十八、能要求赔偿吗？

——正当防卫的民事责任之二

在正当防卫制度中，人们一般重点关注正当防卫人是否应当承担刑事犯罪责任和民事赔偿责任，在得到否定回答后则忽视了正当防卫人自身的权益保护，因其在不法侵害行为中往往属于受害一方，总是伴随着暴力侵害和权益损害，其遭受侵害行为后是否可能要求不法侵害人进行损害赔偿，以及如果正当防卫人不是不法侵害行为的直接受害人，其出于见义勇为的目的实施正当防卫行为，反而导致自身权益受损的，是否仍然可以请求不法侵害人赔偿？此类案件涉及刑法学与民法学的交叉学科认定，需要对刑事法律责任与民事法律责任区分处理。

案例 18-1

2017 年 8 月，石家庄某房地产公司与康某某达成口头协议，由其负责该公司开发的辛集市某城中村改造项目中尚未签订协议的耿某华等8户人家的拆迁工作，约定拆迁劳务费为50万元。2017年10月1日凌晨2时许，康某某纠集卓某某等8人赶到项目所在地强拆民宅。其中，卓某某组织张某某、谷某明、王某某、俱某某、赵某某、谷某章、谷某石（以上人员均因犯故意毁坏财物罪另案处理）等人，在康某某带领下，携带橡胶棒、镐把、头盔、防刺服、盾牌等工具，翻墙进入耿某华家中。耿某华妻子刘某某听到响动后出屋来到院中，即被人摁住并架出院子。耿某华随后持一把农用分苗刀出来查看，强拆人员对其进行殴打，欲强制带其离开房屋，实施拆迁。耿某华遂用分苗刀乱挥、乱捅，将强拆人员王某某、谷某明、俱某某3人捅伤。随后，卓某某、谷某章、赵某某等人将耿某华按倒在地，并将耿某华架出院子。刘某某被人用胶

带绑住手脚、封住嘴后用车拉至村外扔在路边。与此同时，康某某组织其他人员使用挖掘机等进行强拆。当晚，强拆人员将受伤的王某某、谷某明、俱某某以及耿某华等人送往医院救治。经鉴定，王某某、俱某某2人损伤程度均构成重伤二级，谷某明、耿某华因伤情较轻未作鉴定。经勘验检查，耿某华部分房屋被毁坏。[①]

裁判者说

2019年5月29日，辛集市人民检察院经检察委员会研究认为，卓某某等人的行为属于正在进行的不法侵害，耿某华的行为具有防卫意图，其防卫行为没有明显超过必要限度，耿某华的行为属于正当防卫，依法做出不批准逮捕决定。

法理言说

从正当防卫成立条件看，卓某某等人强拆住宅、殴打耿某华夫妻的行为属于正在进行的不法侵害，耿某华的挥刀乱刺、乱捅行为具有正当防卫性质，不需要承担民事赔偿责任。暴力拆迁等事件在当前社会化、城镇化过程中时有发生，司法机关应当综合把握从暴力强拆发展而来的正当防卫案件认定。正当防卫的起因条件包括不法侵害他人的人身、财

① 最高检发布6起正当防卫不捕不诉典型案例之二：河北省辛集市耿某华正当防卫不批捕案。

产等合法权益，不仅包括典型的违法犯罪行为，也包括各种暴力强拆行为。在本案中，卓某某等8人携带器械翻墙进入耿某华家中，强行将耿某华的妻子架出房屋，已经严重侵犯了耿某华一家的生活安宁和住宅安全，严重损害了耿某华一家的合法权益，且当耿某华出来查看时即被卓某某等人殴打，强拆人员人多势众且携带攻击性器械，对耿某华进行了人身伤害，且这种侵害行为可能进一步加剧，此时，面对住宅被强拆、人身安全被侵犯的不法侵害处境，耿某华使用分苗刀乱刺、乱捅的反击行为具有适时性、防卫性。而在当时危急的处境下，强拆人员携带攻击性器械，显然比耿某华一人更容易造成严重后果，耿某华使用分苗刀反击的行为具有合理性，最终造成2人重伤的防卫结果没有明显超过必要限度而造成重大损害，仍然处于正当防卫的必要限度内，耿某华的反击行为属于正当防卫，既不需要承担刑事责任，也不需要承担民事赔偿责任。

从成立正当防卫后的赔偿责任承担看，不法侵害人应当赔偿侵害行为给正当防卫人造成的财产损失、人身损害。我国《民法典》第一千一百六十五条规定："行为人因过错侵害他人民事权益造成损害的，应当承担侵权责任。"实施不法侵害的行为人因其主动挑起矛盾和冲突，积极实施侵害他人人身、财产权益的行为，具有严重过错，对于违法犯罪行为给受害人或防卫人造成损害的，应当承担民法上侵权责任，如民事赔偿、恢复原状等。在本案中，卓某某等人强制拆毁他人房屋的行为已经严重损害他人的财产权益，造成财产损失，不仅属于《刑法》上的故意毁坏财物的犯罪行为，同时也是民法上侵犯房屋所有权的民事侵权行为，应当全面、完整追究卓某某等人的刑事、民事责任。本案案发后，公安机关对强拆人员以故意毁坏财物罪立案侦查。其中，康某某、卓某某、王某某、张某某、俱某某被分别判处有期徒刑2年6个月、3年2个月等相应的刑罚。而石家庄某房地产公司也因在未达成拆迁协议的情况下聘用拆迁公司拆除房屋，而支付了相关人员的医疗费等费用，对耿某华房屋部分毁坏予以相应经济赔偿。虽然最终由石家庄某房地产公司对耿某华进行了赔偿，但法律意义上仍然是卓某某等人的违法犯罪行为造成正当防卫人耿某华的经济损害，正当防卫人有权利请求不法侵害人赔偿。

值得关注的是，本案的正当防卫是防卫人自我保护合法权益的行为，不法侵害行为直接作用于防卫人本身，可以直接适用民法上明文规定的侵权规定进行权利补救、损害填补。如果正当防卫人不是侵害行为的受害人，是否仍然可以适用民事侵权责任的规定呢？我国法律为了从制度上鼓励见义勇为的精神，不仅在刑法上规定为保护他人合法权益制止不法侵害的行为属于正当防卫行为，而且对见义勇为人造成财产损失、人身损害的，不仅不需要承担刑事责任，还可以直接适用《民法典》第一百八十一条正当防卫的规定，不需要承担民事赔偿责任。此外，《民法典》第一百八十三条还明文规定了见义勇为人因保护他人合法权益使自己受损时的责任承担，原则上“由侵权人承担民事责任，受益人可以给予适当补偿”，例外时，“没有侵权人、侵权人逃逸或者无力承担民事责任，受害人请求补偿的，受益人应当给予适当补偿”，这就为正当防卫下见义勇为人的权益保护加上了“双重保险”，其既可以向侵害人请求侵权赔偿，在特定情形下也可以向见义勇为行为的受益人即不法侵害下的受害人请求适当补偿，确保见义勇为人的合法权益得到恰当、合理的保护。

我国刑法与民法对正当防卫人责任承诺、权利保护的规定实现了刑民衔接的良好沟通，为正当防卫人的权益筑牢保护藩篱，特别是以法律规范确定了见义勇为人的权益保护，鼓舞了社会公众挺身而出保护他人权益的积极性，推动我国正当防卫制度向科学、完善方向稳步发展。

法律依据

《民法典》第一百八十一条：“因正当防卫造成损害的，不承担民事责任。正当防卫超过必要的限度，造成不应有的损害的，正当防卫人应当承担适当的民事责任。”

《民法典》第一百八十三条：“因保护他人民事权益使自己受到损害的，由侵权人承担民事责任，受益人可以给予适当补偿。没有侵权人、侵权人逃逸或者无力承担民事责任，受害人请求补偿的，受益人应当给予适当补偿。”

《民法典》第一千一百六十五条：“行为人因过错侵害他人民事权益造成损害的，应当承担侵权责任。”

十九、坏人也要救？

——正当防卫和救助义务

在社会的一般认知中，“坏人”总是“死不足惜”，这是朴素情感的简单表达，不过所谓的“坏人”只是不同主体基于道德观、价值观产生的主观评价，一个人盗窃了昂贵的药品，人们可以认为他不应当偷盗而属于“坏人”，如果他偷昂贵的药品是因为家徒四壁想要挽救病重的父母、配偶或者孩子，人们还会认为他是个“坏人”吗？人应当为自己的行为负责，但也只是为属于自己的行为负相当的责任。正当防卫原本就是“正对不正”以制止不法侵害的合法合理行为，不法侵害人针对他人的人身、财产权益发动违法犯罪行为的严重过错使其处于社会朴素情感中劣势一方，因此一旦社会生活中发生犯罪案件，一些群体即基于朴素情感冲动产生如“必须判死刑”“杀人偿命”“血债血还”等过激言论，要求严惩不法侵害人。但是刑法不是古老传统“以眼还眼、以牙还牙”的报复手段，如何兼顾不法侵害人和受害人的利益保护是裁判者应当审慎考虑的问题，如果防卫人的防卫行为仍然处于正当防卫必要限度内，但不法侵害人却濒临重伤、死亡的危险境地，防卫人是否应当救助不法侵害人呢？

案例 19-1

2012 年 5 月 12 日晚上，来自四川的 17 岁少年小辉到沙田镇大泥村市场旁的便利店买饮料。当时 28 岁的男子方某也在便利店买东西。根据便利店监控录像的记录，方某没有留意到关冰箱门时碰到了小辉的手臂，转身要离开，两人很快吵了起来。方某说，当时小辉先骂了他。监控录像中，方某比小辉高出一大截，先后推了小辉 4 次。小辉被推倒在地后，拿出匕首捅向方某的腹部。方某被捅伤后，进入便利店拿出一瓶啤酒横扫过去，被小辉用手挡开。方某问：“我受了这么重的伤，

我之前的行为没有产生救助义务，自伤行为是他的自我决定。我具有的是伦理道德上的救助义务，而不是法定义务。

怎么办？”小辉说：“我捅你的这一刀，我自己捅回来。”于是小辉往自己腹部捅了一刀，送医院抢救无效死亡。检方起诉书称，当时小辉说完这话，方某说了“可以”二字。不过在庭审时，方某否认自己说过“可以”，称“我还没反应过来，他就捅了自己”。方某12天后被逮捕，罪名是故意伤害罪。

裁判者说

检察官称，小辉提出要捅自己时，方某没有制止，也没有采取救助措施，是导致小辉死亡的原因。方某虽然没有直接实施伤害行为，但是施加了威胁，存在伤害的故意和行为，应当认定为故意伤害罪。

法理言说

从一体化认定案情发展的角度来看，小辉的行为属于正在进行的不法侵害行为，方某防卫行为具有正当性。在司法实践中，双方互殴打架原则上否定成立正当防卫，因在这种形式下双方都有连续不法侵害对方的意图，并不存在正当防卫成立条件要求的为了保护自己或者他人合法权益的防卫意图，但有原则就有例外，即使是在双方斗殴过程中，只要一方明显超过伤害限度，比如本来只是打架斗殴，一方突然使用具有严重杀伤力的凶器、器械进行攻击，不法侵害程度升级，应当允许被攻击方进行符合必要限度的正当防卫。在本案中，小辉与方某先前因琐事发生纠纷吵闹的行为只是属于一般不值得刑法评价的民事矛盾，但小辉被推倒在地后，拿出匕首捅方某腹部时，双方矛盾升级，小辉的行为已经明显具有侵犯方某人身安全的严重不法侵害性且随时可能进一步加重，方某进入便利店拿啤酒瓶横扫小辉的行为属于保护自己的防卫行为，该行为符合防卫的适时性而具有防卫性质，且以啤酒瓶横扫的防卫行为与使用匕首捅刺的侵害行为相比明显未超过必要限度，且啤酒瓶最终被小辉挡开，也未造成不法侵害人重伤、死亡的严重后果，因此方某的行为属于遭受不法侵害下实施的正当防卫行为，不应当承担刑事责任。本案检察机关以故意伤害罪起诉方某，一方面是将小辉与方某之间的纠纷认定为打架斗殴行为，且没有意识到小辉捅刺他人行为的不法侵害程度显著提高，另一方面则是将小辉持刀自伤的行为归属于方某未实施救助的行为，这涉及正当防卫与救助义务的关系，即正当防卫人是否需要救助不法侵害人。

方某不具有制止小辉自伤的法定义务，其不救助行为导致小辉死亡，不承担刑事责任。本案检察机关以故意伤害罪追究方某的责任，使得原本应当是“被害人”的一方成为“被告人”一方，原因在于方某在面对小辉自伤时没有及时制止，没有进行必要的救助，导致小辉最终死亡。方某是否需要对小辉的自伤、死亡结果负责，关键在于方某是否具有救助义务。“救助义务”是刑法上不作为犯罪的成立条件，即行为人原本应当实施积极的行为救助他人，但没有实施，导致犯罪结果发生的，行为人不履行“义务”应当成立犯罪。事实上，**这种“义务”不仅包括救助义务，还包括扶养、赡养等义务，义务的来源范围广泛，一般认为有四种来源形式：**一是法律明文规定的义务，如《民法典》婚姻家庭编规定的父母对子女的抚养义务、子女对父母的赡养义务、夫妻之间的扶养义务等；二是职务或业务要求的义务，如消防员具有救火灭灾的义务；三是法律行为产生的义务，如保姆与雇主签订照管婴儿的合同，则保姆具有保护、照看婴儿的义务；四是先行行为产生的义务，如交通肇事致人重伤，因该行为具有救助他人的义务。分析本案案情，如果要认定方某对小辉的自伤行为具有救助义务，只能认为方某因其先前的用啤酒瓶横扫、推搡行为产生了救助义务。然而，**方某的先行行为与小辉的伤害乃至死亡之间不存在因果关系，方某的先行行为不产生避免他人死亡的救助义务。**本案中，方某只是实施了用啤酒瓶横扫、推搡行为，这些防卫行为仍然处于正当防卫的限度内，且行为的危险性相对较低，并未对小辉造成必须自伤的胁迫程度，小辉的自伤行为完全属于其自我决定行为，方某的行为与小辉最终的自伤及死亡结果之间不存在刑法上的因果关系，不应当以先行行为强求方某承担救助义务。**退一步说，即使认为方某具有救助义务，这种义务也只是伦理道德上的救助义务，而不是法定义务，不履行这一义务并不成立犯罪。**成立刑法上的不作为犯罪要求行为人不履行的是法定义务，也即上述义务来源中的规范义务，而非任何义务。比如小孩落水，其他陌生人看见了却未救助，最终小孩溺亡，可以说陌生人没有履行伦理道德义务，将遭受道德谴责，但不能认为陌生人成立不作为犯罪。相反，如果小孩的父母知情且故意不救助，则应当认为父母成立故意杀人罪，承担刑事责任。其内在逻辑在于，社会虽然提倡互帮互助、见义勇为的社会风气，但法律并不强制要求每个人都履行帮助他人的法律义务，即并不是不履行则构成刑事犯罪。否则社会中将人人自危，反而有损社会良善风气。本案中，方某的先行行为并不具有产生救助义务的危险作用力，方某不制止、不救助小辉的行为只能认为其违背道德义务，而不成立刑事犯罪。

值得注意的是，本案是不法侵害人小辉自行实施的自伤行为，因此与方某的先前行为因果关系不大，无法形成方某的救助义务。那么，如果是正当防卫人的防卫行为本身直接造成严重后果的，正当防卫人是否具有救助义务呢？如乙不法侵害甲，甲防卫过程中致乙重伤，此时不法侵害已经结束，且防卫行为仍处于正当防卫限度内，乙求甲送去医院，甲未理会，最终乙死亡的，甲是否应当承担不履行救助义务的刑事责任呢？此问题在我国司法实践与理论学界都未形成统一定论，一般认为，应当根据不救助后果是否可能造成防卫过当来判断是否存在不救助义务，即如果防卫人的正当防卫行为即使造成不法侵害人死亡也不过当的，则防卫行为人不具有救助义务；如果防卫行为本身造成的伤害结果不过当，但如果不救助就会发展成为重伤、死亡的防卫结果的，此时正当防卫行为人具有救助义务；如果防卫行为本身造成的伤害结果不过当，也不可能具有继续发展为死亡的可能的，正当防卫人也不具有救助义务。最终正当防卫人是否具有救助义务依靠防卫人对防卫手段、不法侵害人伤害程度等情形的认识，从正当防卫制度适当向防卫人倾斜的角度来看，应当适度宽容正当防卫人因在紧张情绪下可能产生的错误认识而不救助不法侵害人的行为。

二十、路见不平一声吼

——正当防卫和见义勇为

当我们看《水浒传》中梁山好汉路遇不平挺身而出、扶危济困时，总被其英雄气概和魄力折服。救他人于危难之际，是中华民族的优良传统美德，也是当前社会所提倡的内涵和精神。我国刑法规定正当防卫的防卫意图是“为了使国家、公共利益、本人或者他人的人身、财产和其他权利免受正在进行的不法侵害”，其中防卫人既可能因为保护自己的合法权益而积极反抗，也可能是为了保护他人免受不法侵害，前者基于自我防御的本能，后者则是见义勇为的良好品质。正当防卫与见义勇为在积极制止不法侵害的行为范围内产生性质交叉，那么，正当防卫与见义勇为的区分标准是什么？见义勇为是否都属于正当防卫，两者的关系又如何认定呢？

案例 20-1

2018 年 12 月 26 日 23 时许，李某与邹某酒后一同乘车到达邹某位于福州市晋安区的暂住处。二人在邹某暂住处发生争吵，李某被邹某关在门外，便酒后滋事，用力踢踹邹某暂住处的防盗门，强行进入房间与邹某发生肢体冲突，引来邻居围观。此时，暂住在邹某楼上的赵某听到叫喊声下楼查看，见李某把邹某摁在墙上并殴打其头部。为制止李某的伤害行为，赵某从背后拉拽李某，致其摔倒在地。李某起身后又要殴打赵某，并进行言语威胁，赵某随即将李某推倒在地，并朝倒地的李某腹部踩了一脚。后赵某拿起房间内的凳子欲砸向李某，被邹某拦下，随后赵某被其女友劝离现场。经法

医鉴定，李某腹部横结肠破裂，伤情属于重伤二级。邹某伤情属于轻微伤。[①]

裁判者说

2019年2月20日，福州市公安局晋安分局以赵某涉嫌过失致人重伤罪向晋安区人民检察院移送起诉。2月21日，晋安区人民检察院以防卫过当做出相对不起诉决定。2019年3月1日，在最高人民检察院指导下，福建省检察院指令福州市检察院对该案进行了审查。经审查认为，赵某的行为属于正当防卫，不应当追究刑事责任。

法理言说

本案对赵某行为性质的认定经过了普通犯罪、防卫过当的争议和否定，最终达成属于正当防卫的共识，其中蕴含了司法机关和社会对见义勇为精神的肯定和鼓励，弘扬互帮互助的社会正气。

从正当防卫的成立条件角度，赵某的行为属于保护他人免受正在进行的不法侵害的正当防卫行为。正当防卫的条件包括：(1)防卫目的；(2)防卫起因；(3)防卫客体；(4)防卫时间；(5)防卫限度。**从防卫起因来看，**合法的防卫行为要求，不法侵害正在进行且严重侵害人身、

① 参见2020年9月3日最高人民法院发布的《涉正当防卫典型案例》。

财产权益，防卫人为了保护自己或者他人的合法权益积极反击的行为才具有防卫性质，这是区分行为属于普通犯罪还是防卫行为的依据。司法机关在认定行为是否具有防卫性时，应当以综合的视角考量案件发生的前因后果，即使尚未构成犯罪的侵害行为同样是应当予以制止的不法侵害行为。从本案案情来看，赵某听到李某和邹某的打闹声下楼查看时，发现李某正摁着邹某殴打其头部，虽然无法辨别李某和邹某之间的纠纷是否激烈、邹某是否需要他人帮助，但从侵害行为本身来看，此时邹某的人身权益正在遭受严重的不法侵害，客观事实符合正当防卫的起因条件，赵某及时拉开李某是为了避免侵害继续发展，具有保护他人的防卫意图，赵某的行为明显属于防卫行为。公安机关以过失致人重伤罪认定赵某的救助行为，这是唯结果论的错误结论，其只分析了李某重伤的结果，完全没有考虑李某酒后滋事、强行进入他人房间殴打他人等侵害事实的前因，同时也否定了赵某见义勇为救助危难之人于水火的可能性，这不利于弘扬良好社会风气。**从防卫限度和防卫时间来看，**防卫行为不能超过制止不法侵害、保护合法权益的必需程度，这是区分正当防卫和防卫过当的依据，裁判者应当整体认定不法侵害行为是否已经被彻底制止。在本案中，赵某及时拉开李某致其摔倒，李某对邹某的侵害行为得以停止，但李某继而威胁赵某并欲殴打赵某，可以认为重新发动了对赵某的不法侵害行为，此时赵某推倒李某并脚踩其腹部的行为是为了保护自己的合法权益不受侵害。也就是说，赵某的行为具有阶段性，前一阶段的救助行为是为了保护邹某的人身安全，具有见义勇为的正当性，后一阶段的行为是为了保护自己的人身安全，同样具有防卫性，两个行为的保护对象虽有所不同，但李某的不法侵害行为性质相同，赵某的行为具有正当防卫的性质相同。晋安区人民检察院以防卫过当认定赵某脚踩李某的行为，只考虑了李某对邹某侵害行为结束就认定不法侵害已经彻底结束，但实际李某对赵某的不法侵害行为仍在继续。事实上，为了鼓励社会公众积极反抗不法行为，不能站在事后立场上以冷静的角度严格要求防卫人在侵害发生时的紧急状态下能精确计算出防卫行为的限度，因此，防卫人赵某推倒、脚踩不法侵害人腹部的行为属于制止侵害行为的适当行为，没有超过正当防卫的必要限度，应当认定为不负刑事责任的正当防卫。

从正当防卫和见义勇为的关系来看，赵某的行为既是保护自己的防卫行为，也是保护他人的见义勇为行为，都属于刑法意义上的正当防卫行为。一般来说，正当防卫行为针对的是他人的不法侵害行为，制度价值主要集中在责任承担意义上得以免除刑事责任和民事责任，见义勇为的适用范围则较之更为广泛，既包括救助他人免受不法侵害，也包括救助他人逃避自然危险，如及时挽救溺水者等，制度价值主要集中在社会意义上。不过正如上文分析赵某行为时指出的，赵某的防卫行为既保护了他人的权益，也保护了自己的合法权益，其中保护他人权益的行为属于见义勇为，两个行为都属于正当防卫行为，因此，见义勇为的行为也可能成为刑法上的正当防卫行为，两者存在交叉关系。从规定正当防卫制度的立法目的来看，该制度是为了保护合法权益不受非法侵害，既然如此，出于人的防御本能而实施的制止不法侵害的行为无可厚非，出于保护他人的见义勇为精神而实施的制止不法侵害的行为更应当受到法律的保护和鼓励，特别是保护一些面对不法侵害不敢、不能自我保护的弱势群体，如未成年人、老年人、妇女以及存在身体、心理障碍导致防御能力降低的人群，积极鼓励其他人挺身相救，更有利于保护这些人群的合法权益，也更符合社会道德评价和和谐互助的公序良俗。

没有人生活在一座孤岛上，社会中的人随时与他人发生着联系，我们时刻需要他人的帮助也时刻需要帮助他人，互帮互助是人生存、发展离不开的社会基础。裁判者在面对出于见义勇为目的实施防卫行为的案件时，不能将其与刑法上的正当防卫相对立，要合理裁断见义勇为行为，积极评价见义勇为精神，敢于认定防卫行为的正当性，不能让见义勇为者“流血又流泪”，更不能“让好人寒了心”，让社会中的其他人产生“正当的见义勇为还要附随责任承担”的错误认识，从而惧怕在不法侵害面前义无反顾、见义勇为，出现袖手旁观、“事不关己高高挂起”的不正风气。

二十一、先下手却遭殃

——时间的过当

“合理的自我防卫必须既不能过迟也不能过早”，防卫行为应当发生在现实不法侵害继续进行过程中，这是正当防卫制度的时间要求。鉴于放宽正当防卫适用条件的政策考量，不少学者认为应当借鉴外国法律规定，有条件地肯定“事前防卫”与“事后防卫”，也就是时间的过当与量的过当问题。时间的过当是指在不法侵害开始前积极准备预防措施并且该防卫行为最终超过必要限度造成重大损害。

一般认为，在不法侵害开始前即积极准备工具以备侵害发生时使用的事先准备行为具有侵害的主观意思。那么对于确定将发生的不法侵害，人们是否可以提前准备工具“备战”呢？有人认为趋利避害是人的天性，不能严格要求被害人一味避让、忍让，如果等到侵害结果发生才可开始防御，可能为时已晚，被害人只能将自己的人身安全、财产安全等权益保护寄托于不法侵害者“良心发现”自动停止侵害行为的想象上。有的人则认为不法侵害正在进行是正当防卫的条件，事先准备预防工具不符合时机条件，被害人受到不法侵害威胁后，应当寻求公权力机关的保护，及时向公安机关或者相关单位报告以平息事态，避免使用暴力解决争端。

案例 21-1

2002 年 3 月 19 日下午 3 时许，被告人胡某平在某公司打工期间与同事张某兵（在逃）因搬材料问题发生口角，张某兵扬言下班后要找人殴打胡某平，并提前离厂。胡某平从同事处得知张某兵的扬言后，准备了钢筋条并磨成锐器后藏在身上。当天下午 5 时许，张某兵纠集邱某华（在逃）、邱某道随身携带钢管在某公司门口附近等候。在张某兵指认后，邱某道上前拦住正要下班的胡某平，要把胡某平拉到路边，胡某平不从，邱某道遂打了胡某平脸部两个耳光。胡某平遭

他们一会儿要找我麻烦，我得事先准备防身工具，等会儿如果真的被揍了，就用它防卫！

殴打后随即掏出携带的一根钢筋条朝邱某道的左胸部刺去，并转身逃跑。张某兵、邱某华见状，一起持携带的钢管追打胡某平。邱某道受伤后被“120”救护车送往杏林医院救治。胡某平被殴打致伤后到曾营派出所报案，后到杏林医院就诊时，经邱某道指认，被杏林公安分局刑警抓获归案。经法医鉴定，邱某道左胸部被刺后导致休克、心包填塞、心脏破裂，损伤程度为重伤。①

裁判者说

厦门市杏林区人民法院认为：被告人胡某平在下班的路上遭到被害人邱某道的不法侵害，即掏出钢筋条刺中被害人邱某道，行为具有防卫性质，但其使用凶器进行还击，致使被害人重伤，**其防卫行为明显超过必要限度，属于防卫过当，其行为已构成故意伤害罪。**

法理言说

为了防御确定将发生的不法侵害行为，事先准备防卫工具的行为仍然可能具有防卫适时性。面对即将发生的互殴事件，事先准备工具以防范的行为并不必然推定为具有斗殴和侵害的主观故意，应当综合案件发生的前因后果。在侵害行为发生前已经认识到不法侵害将确定发生，积

---

① 参见《胡某平故意伤害案——当人身安全受到威胁后便准备防卫工具是否影响防卫性质的认定（第224号）》，载《刑事审判参考》2003年第1辑（总第30辑）。

极准备工具以防御的，在侵害现实进行时使用预先准备的工具进行防卫，同样应当肯定行为的防卫性质，退一步来说，即使被害人存有一定的互殴心理，也应当认定为侵害意图与防卫意图的结合，当不法侵害现实发生且预防工具起到了防御作用时，也不影响防卫意图的认定。本案中胡某平与张某兵事先已经发生纠纷，胡某平在听到张某兵扬言要找人围殴自己的情况下，基于一种“怕吃亏”的特殊心理才预先准备了钢筋条藏在身上，事实上，胡某平并非一见到张某兵及其纠集的人员便开始使用预防工具，而是遭到殴打后为了防卫自己的人身安全权益被进一步侵害，才使用钢筋条刺伤殴打人员并快速逃跑，可见胡某平并没有继续参与互殴的侵害心理，其使用钢筋条的行为仍然出于自我保护的目的，具有防卫性。在侵害人员实施击打面部等轻微侵害行为，尚未严重危及其生命安全的情况下，胡某平即持钢筋条向不法侵害人要害部分行刺，最终造成对方重伤的严重后果，无论从防卫行为还是防卫后果上看都已经超过了正当防卫的必要限度，属于防卫过当，应当成立故意伤害罪。

需要注意的是，如果不法侵害将明确发生的起因源于一方蓄意挑衅、主动挑起纠纷事端，事后知道他人将实施报复而积极准备预防工具等候互殴的，则应当否定防卫意图，构成犯罪的，依照《刑法》定罪处罚。如一方因为违法纠纷事先挑衅对方，升级矛盾事态，引起对方纠集人员互殴，挑衅一方积极准备防范工具，侵害发生时积极参与互殴的，应当否定其事先准备工具的防卫性，根据案情裁判是否构成犯罪。

应当综合判断事先安装防卫装置行为是否具有防卫性。与事出有因型预防侵害不同，在自家住宅领域、所有权范围内提前安装防卫装置的，当侵害现实发生时及时制止不法侵害实现了防卫效果的事件在社会生活中更加具有普遍性，例如在自家院子外墙、菜园围栏上安装电流式防盗网以阻止他人入侵的，事后确实制止了不法侵害行为。这种预先安装的防卫装置针对的对象并不具有特定性，可能是不法侵害人，也可能是无辜者，且安装时间并不属于不法侵害现实发生或者不法侵害确实即将发生的正当防卫时机，此时，预先安装防范措施是否属于正当防卫呢？从正当防卫鼓励社会公众积极保护自己或他人的合法权益的精神来看，在不知道危险何时发生的情况下提前保证自己权益安全的行为并不违背立法旨趣和社会良俗。通常认为应当根据案件的具体情况进行区分，具体应当衡量防卫装置危险程度、可能造成的损害与保护的权益大小、防卫装置是否符合社会生活准则等，在不法侵害尚未发生时，防卫装置当然不属于正当防卫，如果此时侵害无辜者权益的，应当承担责任；不法侵害现实发生，防卫装置起到防卫作用且没有超过正当防卫限度的，应当肯定正当防卫的成立，如果超过必要限度造成重大损害的，则属于防卫过当。

从侵害威胁变成侵害现实的时间跨度可能非常漫长，侵害在何时何地以何种方式发生尚不明确，期待人们随时能得到公权力机关的保护不具有现实性，不如肯定被害人具有一定的自卫权利，及时防范可能受到的侵害更具有司法经济性，这对构建和谐社会具有积极作用。

二十二、乱拳打死老师傅

——量的过当

个体在面临意外或紧急事件时往往会表现出高度的紧张情绪状态，严格要求其进行冷静思考和反应根本不具有现实性和实际性，同样，人们在防卫不法侵害的过程中也可能无法进行理性判断，更遑论及时控制个体行为避免造成过当后果。如果防卫一方在连续反击过程中，没有意识到不法侵害已经被制止或已经结束，防卫必要性已经消失，依旧继续实施反击行为，最终导致不法侵害人死亡的，后续反击行为应当如何认定，是否依旧具有防卫性，还是应当认定为完全的犯罪行为？这就涉及人性和法理的冲突，同时也引发出量的防卫过当问题，量的防卫过当是德日刑法学界划分出的防卫过当的一种类型，意旨是不法侵害行为结束后继续实施的反击行为与侵害进行时实施的防卫行为具有一体化特征，如果后续的反击行为没有超过防卫限度，则反击行为整体属于正当防卫行为，如果后续反击行为超过防卫限度，则属于量的防卫过当，应当减轻或者免除处罚。

案例 22-1

王某因向王某某求爱遭拒而怀恨在心，多次携带甩棍、刀具上门滋扰，以自杀相威胁，发送含有死亡威胁内容的手机短信，扬言要杀王某某兄妹等，并先后 6 次到王某某家中、学校等地对王某某及其家人不断骚扰、威胁。2018 年 7 月 11 日 17 时许，王某到县城购买了两把水果刀和霹雳手套，并于当晚乘预约车到王某某家。23 时许，王某携带两把水果刀、甩棍翻墙进入王某某家院中，引起护院的狗叫。王某某之父王某元在住房内见王某持凶器进入院中，即让王某某报警，并拿铁锹冲出住房，与王某打斗。王某用水果刀（刀身长 11cm、宽 2.4cm）划伤王某元手臂。随后，王某某之母赵某持菜刀跑出住房加入打斗，王某用甩棍（金属材质、全长 51.4cm）击打赵某头部、手部，赵某手中菜刀被打掉。此时王某某也从住房内拿出菜刀跑到院中，王某见到后冲向王某某，王某某转身往回跑，王某在后追赶。王某元、赵某为保护王某某而追打王某，三人扭打在一起。王某某上前拉拽，被王某划伤腹部。王某用右臂勒住王某某的脖子，王某元、赵某急忙冲上去，赵某上前拉拽王某，王某元用铁锹从后面猛击王某。王某勒着王某某的脖子躲闪并将王某某拉倒在地，王某某挣脱起身后回屋拿出菜刀，向王某砍去。其间，王某某回屋用手机报警两次。王某元、赵某继续持木棍、菜刀与王某对打，王某倒地后两次欲起身。王某元、赵某担心其起身实施侵害，就用菜刀、木棍连续击打王某，直至王某不再动弹。经鉴定，王某头面部、枕部、颈部、双肩及双臂多处受伤，符合颅脑损伤合并失血性休克死亡；王某元胸部、双臂多处受刺伤、划伤，伤情属于轻伤二级；赵某头部、手部受伤，王某某腹部受伤，均属轻微伤。[①]

裁判者说

检察机关认为，根据审查认定的事实并依据上述法律规定，本案中王某元、赵某、王某某的行为属于特殊正当防卫，对王某的暴力侵害行为可以采取无限防卫，不负刑事责任。且王某倒地后，**王某元、赵某继续刀砍棍击的行为仍属于防卫行为，不成立故意伤害。**

法理言说

本案曾引起理论界与实务界的热烈讨论，其中“王某被打倒后，赵某继续持刀对准王某颈部连砍数刀”的行为是否防卫过当、是否成立故

① 参见河北省涞源县人民检察院不起诉决定书，涞检公诉刑不诉〔2019〕1 号。

意伤害罪成为焦点问题。公检两机关对此产生了不同的认定意见。涞源县公安局认为，王某受伤倒地后，赵某在未确认王某是否死亡的情况下，持刀连续砍王某颈部，主观上具有放任他人身体伤害的态度，具有伤害的故意。本案检察机关则从案发时的主客观情境出发，认为王某深夜持凶器闯进王某某家中，已经给王某某一家造成非常强烈的恐慌与愤怒，王某虽然被打倒在地，但两次试图起身，仍然具有继续侵害的可能性，认定赵某的后续反击行为与之前的防卫行为具有紧密的连续性，前后属于一体化的防卫行为，且本案案情属于“特殊防卫”，因此王某某一家的行为即使造成王某死亡的结果，也属于正当防卫。本案检察机关虽然是在肯定不法侵害尚未结束的前提下否定追砍行为的不法性，但一体化认定防卫行为的标准值得关注。事实上，即使认为当时王某已经丧失了继续侵害的可能，赵某的持续追砍行为已经超过了正当防卫的必要限度，也应当属于防卫过当，适用“应当减轻或者免除处罚”的规定，而不是完全的犯罪行为，此种防卫过当则属于量的防卫过当。

量的防卫过当，其精神就是在防卫人连续实施数个防卫行为的场合，即使后续的防卫行为超出了防卫限度，由于数个防卫行为在时空上都是连续的，因此应该将数个行为作为一系列、一体化的行为来评价并在整体上肯定防卫过当，合理适用防卫过当的从宽处理条款，而非人为地将连续防卫行为割裂为两部分，认定不法侵害结束前的一部分反击行为属于正当防卫，不法侵害结束后的一部分反击行为属于犯罪行为。这种要求防卫人在处于极度惊慌的紧急情况下判断不法侵害行为是否结

束，精准分析不法侵害结束的时间，可谓强人所难，不具有法律期待可能性，也不符合人的自然反应和社会常理。量的防卫过当的本质就是将原本属于事后防卫的行为一体化认定为适时的防卫行为，如果事后防卫行为没有超过必要限度造成重大损害，则整体评价为一个正当防卫行为，如果超过必要限度造成重大损害，则属于量的防卫过当，应当减轻或者免除处罚。

但并不是所有的事后防卫行为都可以认定防卫行为，可以认为，量的防卫过当是建立在对防卫行为整体性评价的基础之上的。《正当防卫指导意见》第 6 条提出，“对于防卫人因为恐慌、紧张等心理，对不法侵害是否已经开始或者结束产生错误认识的，应当根据主客观相统一原则，依法作出妥当处理”。一般认为可以从主客观两方面来认定防卫人的行为是否具有一体性。一方面，从客观上看，防卫人的反击行为应当具有连续性，关键在于反击行为与不法侵害行为具有空间和时间的连续性、当场性，反击行为应当是为了现实制止不法侵害而实施的，特别是存在数个反击行为的情况下，后续反击行为与前反击行为具有时间上的连贯性，从社会生活一般经验来看能够将前后防卫行为认定为一个整体。如案例6-2中，公安机关认定于某明夺刀后捅刺、砍击刘某龙5刀，是一个连续的防卫行为，后续的追砍行为与之前的防卫行为具有时间上的直接联系，成为一体防卫行为。另一方面，从主观上看，防卫人应当具有连续的防卫意思，认为不法侵害尚未结束，仍然具有防卫的必要性。如本案（案例22-1）中王某元、赵某当时不能确定王某是否已被制伏，担心其再次实施不法侵害行为，主观上仍然具有与之前的防卫行为同质的使自己与他人的人身安全免于被继续不法侵害的防卫意思，后续追砍行为具有防卫性，又因为王某对王某某一家造成了严重危害生命安全的危险，属于“特殊防卫”情形，赵某的追砍行为即使造成王某的死亡后果，也可以与之前的防卫行为整体评价为未超过必要限度的正当防卫行为。

量的防卫过当情形压缩了事后防卫的成立空间，进一步拓宽了正当防卫与防卫过当的适用范围，契合当前激活正当防卫条款，适当向防卫人倾斜的刑事政策，打消了防卫人在紧张的精神状态下仍要进行时间判断的无理禁锢，在尊重紧急情况下应激情绪特征的基础上及时为防卫人松绑，这将极大促进文明社会崇尚和谐、邪不压正传统的蔚然成风。

二十三、手下不留情

——质的过当

质的防卫过当是学理上划分出的一种防卫过当的类型，指在不法侵害行为进行过程中，防卫行为本身超过了必要限度造成了重大损害，一次反击过程就给予了超过制止不法侵害、保护法益必需程度两倍及以上的强度。这种过当情形是我国司法实践中普遍存在和认可的防卫过当类型，往往是指防卫行为最终造成了重大损害结果，并且在利益衡量下这种防卫结果已经超出了正当防卫的必要限度。质的防卫过当行为仍然发生在不法侵害的时空范围内，一般能够被轻易识别为具有防卫适时性，适用刑法规定的防卫过当从宽处理条款，不存在成立条件上的诘难，适用依据具有正当性和合理性，因此，认定防卫行为属于质的防卫过当的问题不在于是否能适用“减轻或者免除处罚”条款，而在于司法人员在具体案件中如何认定防卫行为属于质的防卫过当。

案例 23-1

2022 年 8 月 17 日 9 时许，村里召开村民大会时，有村民提出付某 2 在担任村组长时存在贪污行为，并叫来被告人付某 1（付某 2 的大哥）当众予以对质，故付某 2 对付某 1 怀恨在心，扬言报复。当日 10 时许，付某 2、简某某（付某 2 的妻子）来到付某 1 家的后门。付某 1 得知后前往房间床头柜将一把折叠水果刀藏于右裤口袋，再从外面绕至后门。付某 2 见到付某 1 便上前质问并掌掴付某 1，付某 1 转身跑开，付某 2 和简某某冲过去殴打，付某 2 从旁边抄起一把椅子砸打付某 1。付某 1 从右裤口袋拿出水果刀，朝付某 2 身体右胸捅刺一刀，随即将刀拔出，继续持刀乱捅乱划，刺中简某某腹部一刀。简某某见状，一边跑一边捡起地上的砖头砸付某 1。付某 1 持刀追赶一会儿，后躲至隔壁邻居处报警。付某 2 被送医后经 120 急救抢救无效死亡，简某某损伤程度经鉴定构成重伤二级。[①]

裁判者说

江西省宜春市中级人民法院经审理认为，付某 1 为制止本人的人身权利免受正在进行的不法侵害而使用折叠刀对不法侵害者付某 2、简某某实施了防卫行为，造成一人死亡一人重伤的严重后果，防卫程度明显

① 参见（2023）赣 09 刑初 1 号刑事判决。

超过必要限度造成重大损害，是防卫过当，**判决付某1犯故意伤害罪，判处有期徒刑七年。**

法理言说

从案件的整体来看，付某2和简某某的不法侵害行为正在进行，付某1的行为具有防卫性。正当防卫制度要求不法侵害正在进行，受害人的反击行为应当具有适时性。某些侵害行为虽然从表面上看已经中断、停止，但从整体上看不法侵害仍然处于持续状态，受害方的人身权利、财产权利仍然处于被不法侵害的紧迫、现实危险中，行为具有随时可能继续侵害的现实可能性，此时，不能认为不法侵害已经结束。因此，受害方的行为因防卫适时而符合正当防卫的时间条件。本案中，付某2因选举纠纷对付某1怀恨在心，主动挑起争端伺机打击报复，见到付某1后便进行质问并掌掴。付某1转身逃跑的行为表明其没有积极加入互殴的主观心态，但付某2、简某某仍未罢休持续追击殴打，付某2还实施了用椅子砸打付某1的伤害行为，此时，付某2与简某某的攻击行为已经严重威胁到付某1的人身权利，不法侵害正在进行且具有紧迫性、危害性，付某1具有防卫自己免受继续侵害的必要性，且在付某1逃脱过程中付某2等人依旧穷追不舍，这种人身侵害威胁一直延续且可能进一步加重，因此不法侵害正在进行，付某1的行为属于适时防卫行为。

从防卫限度来看，付某1的行为已经明显超过必要限度造成重大损

害，属于防卫过当。正当防卫制度是“正”对“不正”，司法机关在强调“法不能向不法让步”、鼓励社会公众面对不法侵害行为要“敢于斗争”的同时，也要兼顾对不法侵害人的权益保护，实现两方利益平衡，引导社会公众把握防卫限度，这既符合正当防卫制度的法理逻辑，也符合社会公众对公平正义的朴素认知。刑法规定的防卫过当要求防卫行为明显超过必要限度造成重大损害，其中的“必要限度”的认定标准应当以能够充分制止不法侵害、保护法益的合理程度为足。具体来说，应当全面考虑案情，具体分析不法侵害手段、强度、双方力量对比、现实的客观环境等，同时也要衡量防卫行为保护的合法权益与防卫行为造成的损害后果是否相当、是否悬殊，例如不能为了取回被盗走的 1 万元而杀死小偷，杀死不法侵害人保护财产并不存在防卫必要性。本案（案例

23-1）中，付某2和简某某没有持任何具有杀伤力的器械与付某1对峙，刚开始的侵害行为也只是进行掌掴，争执持续过程中用椅子砸打和拳脚踢打的行为也并未对付某1的生命安全造成严重侵害、威胁，而付某1提前准备了折叠水果刀，在使用时也未向对方发出警告，直接向付某1的胸部、简某某的腹部等身体要害部位刺去，简某某受伤逃跑后，其不法侵害已经明显停止，付某1仍然持刀追赶。最终，付某1的反击行为直接造成付某2死亡、简某某重伤二级的严重后果，付某2的掌掴、砸打侵害行为与付某1持刀伤人的防卫行为之间具有较大的差距，侵害强度、权益保护与损害衡量对比下，付某1持刀伤人的行为远远超出正当防卫的必要限度。因此，足以认定付某1的防卫行为属于明显超过必要限度造成重大损害的质的防卫过当，应当承担刑事责任。在防卫过程中，付某1持刀乱捅乱划，明知自己的反击行为可能造成他人伤害的严重后果，仍然放任该结果出现，最终以故意伤害的主观心态造成了致他人重伤、过失致他人死亡的严重结果，符合故意伤害罪的成立条件，由于付某2和简某某主动引起争端，具有重大过错，法院最终认定付某1构成故意伤害罪并在量刑中从宽处理，该判决体现了罪责刑相适应的刑法原则。

法律依据

《刑法》第二十条第二款："正当防卫明显超过必要限度造成重大损害的，应当负刑事责任，但是应当减轻或者免除处罚。"

法律依据

《刑法》第二百三十四条："故意伤害他人身体的，处三年以下有期徒刑、拘役或者管制。犯前款罪，致人重伤的，处三年以上十年以下有期徒刑；致人死亡或者以特别残忍手段致人重伤造成严重残疾的，处十年以上有期徒刑、无期徒刑或者死刑。"

二十四、且还是或

——过当的条件

《刑法》第二十条第二款规定了防卫过当的判断标准为“明显超过必要限度造成重大损害”，“明显超过必要限度”是防卫行为明显超过了制止不法侵害、保护法益所必需的程度，是行为上的过当，“造成重大损害”则是造成了不法侵害人重伤、死亡等严重后果。防卫过当的判断问题实际上可简化为如何处理行为过当与结果过当的关系，是将行为过当与结果过当统一化，认为行为过当是结果过当的原因，认定防卫过当只需要判断结果是否过当即可，还是将行为过当与结果过当分开认定，认为防卫过当既需要进行行为过当判断，也需要进行结果过当判断？根据什么标准判断防卫行为已经超过了正当防卫的必要限度，防卫结果已经造成了重大损害，这是社会公众更加关心的问题。

案例 24-1

2016年2月28日中午1时许，杨某平与其胞弟杨某伟坐在自家门前聊天，杨某平因摸了经过其身边的一条狼狗而遭到狗主人彭某某（殁年45岁）指责，兄弟2人与彭某某发生口角。彭某某扬言要找人报复，杨某伟随即回应。杨某伟返回住所将一把单刃尖刀、一把折叠刀藏于身上。10分钟后，彭某某纠集黄某、熊某某、王某3人持镐把返回上述地点。彭某某击打杨某伟面部一拳，杨某伟即持单刃尖刀刺向彭某某的胸腹部，黄某、熊某某、王某见状持镐把冲过去对杨某伟进行围殴，彭某某从熊某某处夺过镐把对杨某伟进行殴打，致杨某伟头部流血倒地。打斗过程中彭某某失去平衡倒地。杨某平见杨某伟被打倒在地，便从家中取来一把双刃尖刀，朝彭某某胸部捅刺。杨某平刺第二刀时，彭某某用左臂抵挡。后彭某某受伤逃离，杨某平持刀追撵并将刀扔向彭某某未中，该刀掉落在地。黄某、熊某某、王某持镐把追打杨某平，杨某平捡起该刀边退边还击，杨某伟亦持随身携带的一把折叠刀参与还击。随后黄某、熊某某、王某逃离现场。经法医鉴定，被害人彭某某身有七处刀伤，且其系被他人以单刃锐器刺伤胸腹部造成胃破裂、肝破裂、血气胸致急性失血性休克死亡。另杨某伟、黄某、熊某某均受轻微伤。[①]

---

① 参见2020年9月3日最高人民法院发布的《涉正当防卫典型案例》。

裁判者说

湖北省武汉市中级人民法院二审判决认为：（1）被告人杨某伟持刀捅刺彭某某等人，属于制止正在进行的不法侵害，其行为具有防卫性质；其防卫行为是造成1人死亡、2人轻微伤的主要原因，明显超过必要限度造成重大损害，依法应负刑事责任，构成故意伤害罪；（2）被告人杨某平为了使他人的人身权利免受正在进行的不法侵害，而采取制止不法侵害的行为，对不法侵害人造成损害，属于正当防卫，不负刑事责任；（3）杨某伟的行为系防卫过当，具有自首情节，依法应当减轻处罚。**判决：以故意伤害罪判处被告人杨某伟有期徒刑四年，并宣告被告人杨某平无罪。**

法理言说

从防卫必要性来看，杨某伟与杨某平的行为具有正当性。防卫过当制度以符合正当防卫制度的起因条件为前提和基础，即自身或者他人的人身、财产等权益面临正在进行的不法侵害，受害人等具有制止不法侵害、保护法益的防卫必要性，此时反击行为才消除了犯罪的违法性，成为合法合理的正当行为。本案中，彭某某率先击打了杨某伟面部一拳，尽管这一行为的人身侵害性不高，但是从彭某某纠集黄某、熊某某、王某3人持镐把的客观形势来看，可以认为彭某某等4人随时可能发动对杨某伟的围殴，杨某伟受到的人身安全危险一直在持续并可能进一步加深，此时，杨某伟基于保护自己身体安全的防卫本能，当然能够发动防卫行为，其反击行为具有正当性。对杨某平的行为来说，杨某平对先前彭某某的挑衅并不在意，足以看出杨某平并不存在斗殴打架的主观心理，杨某平的参与行为发生在看到杨某伟被围殴头部流血的情况下，此时杨某伟的生命安全已经处于严重危险程度，杨某平为保护胞弟实施的反击行为具有正当性。

从防卫限度来看，杨某伟的行为明显超过必要限度造成重大损害，成立防卫过当。如前所述，对于防卫过当的判断条件，存在一定的争议。事实上，这样的观点分歧在防卫人行为不过当、结果不过当，以及行为过当、结果过当的场合不具有任何讨论意义，但是在行为过当、结果不过当或行为不过当、结果过当两种情形中，将会产生不同的认定结果。如果认为防卫过当只需要考量结果过当，则行为过当、结果不过当仍然成立正当防卫；行为不过当、结果过当成立防卫过当。如果认为防卫过当需要考量行为过当和结果过当，则行为过当、结果不过当不属于防卫过当，但属于防卫行为过当，可能产生犯罪未遂的问题；行为不过当、结果过当可能成立防卫过当，但防卫人对超过限度的严重结果如果不具有故意、过失的，同样不承担刑事责任。为统一司法认定标准，《正当防卫指导意见》第 11 条至第 13 条明确：认定防卫过当应当同时具备“明显超过必要限度”和“造成重大损害”两个条件，缺一不可；判断是否“明显超过必要限度”，要立足防卫人防卫时所处的情境，结合社会公众的一般认知做出判断；“造成重大损害”是指造成不法侵害人

重伤、死亡。造成轻伤及以下损害的，不属于重大损害。司法解释的规定似乎透露出应当结合行为过当和结果过当进行全面认定，这就意味着，判断防卫人的行为是否超过了必要限度需要进行综合判断，应当结合案发当时主客观情境整体认定，如侵害手段、强度，危险的紧迫性、严重性、双方力量对比等。同时，结果过当的认定需要防卫结果达到值得刑法处罚的严重程度，原因在于我国现行刑法只处罚对身体造成物理上的轻伤伤害程度的行为，如果防卫行为造成轻伤的，因为其本身即具有制止不法侵害、保护法益的正当性，且具有从宽处理的法定处罚规定，防卫行为造成轻伤结果的严重性可以得到适当抵消，没有必要继续进行处罚，因而如果防卫结果被鉴定为轻伤、轻微伤的，不属于防卫结果过当。本案中，从防卫行为来看，彭某某空手击打杨某伟，可见彭某某此时并没有置杨某伟生命于严重危险的境地，但杨某伟却以单刃尖刀刺彭某某的胸腹部等杀伤力极大的行为回击，因不法侵害手段与反击手段对比强烈，缺少防卫必要性，从而得出行为过当的结论。从防卫结果来看，杨某伟仅受轻微伤，但彭某某要害部位的多处致命刀伤是其死亡的直接原因，杨某伟最终造成一死二轻微伤的重大严重后果，法益侵害后果与防卫造成的损害结果之间不成比例，因此属于防卫结果过当。综合而言，杨某伟的行为已经具有行为过当与结果过当，属于明显超过必要限度造成重大损害的防卫过当。反观杨某平的防卫行为开始于杨某伟被围殴打倒地时，此时杨某伟的生命安全受到严重威胁，杨某平持刀刺向彭某某胸部的行为与当时的危急情况相适应，且未造成严重损害后果，综合而言，杨某平的防卫行为依旧处于正当防卫的限度范围内。本案在全面立足于案情的基础上对两位防卫人的防卫行为做出了不同的认定结果，不同案情不同裁判，而非“囫囵吞枣”敷衍了事，既坚持了法律原则，又实现了公民对公平正义的朴素期盼。

法律依据

《刑法》第二十条第二款：“正当防卫明显超过必要限度造成重大损害的，应当负刑事责任，但是应当减轻或者免除处罚。”

二十五、过当必须处罚吗？

——过当的后果之一

任何权利都会伴随着一个或多个保证其实现的义务，不法侵害人因实施加害行为使得自己的利益处于劣势地位，应当承受防卫人的正当反击行为，但如果防卫人被赋予了防卫权利却滥用了防卫权，防卫过当即意味着利益失衡。超出正当防卫限度的部分行为超过了不法侵害人容忍的利益范围，即该部分行为因为过度侵犯了他人的人身、财产权益而具有了法益侵害性，成为刑法上的犯罪行为。犯罪行为是对国家设立的规范秩序的否定，刑事责任则是对犯罪行为的否定，通过宣告犯罪并施以责难与惩罚能够实现规范秩序的恢复和补强。因此，《刑法》第二十条第二款后半段规定防卫过当行为“应当负刑事责任”，这里的责任包括防卫行为如果构成犯罪的，应当负刑事责任，责任内容包括定罪和处罚两方面；尚未构成犯罪的，也应当承担相应的民事或行政责任，如民事赔偿等。这是司法的严格要求，通过强调权利与义务的统一，增强人们既敢于进行正当防卫又善于运用正当防卫的信心和勇气。

案例 25-1

朱某山之女朱某与齐某系夫妻，朱某于 2016 年 1 月提起离婚诉讼并与齐某分居，朱某带女儿与朱某山夫妇同住。齐某不同意离婚，为此经常到朱某山家吵闹。4 月 4 日，齐某在吵闹过程中将朱某山家的门窗玻璃和汽车玻璃砸坏。朱某山为防止齐某再进入院子，将院子一侧的小门锁上并焊上铁窗。5 月 8 日 22 时许，齐某酒后驾车到朱某山家，欲从小门进入院子，未得逞后在大门外叫骂。朱某不在家中，仅朱某山夫妇带外孙女在家。朱某山将情况告知齐某，齐某不肯作罢。朱某山又分别给邻居和齐某的哥哥打电话，请他们将齐某劝离。在邻居的劝说下，齐某驾车离开。23 时许，齐某驾车返回，站在汽车引擎盖上摇晃、攀爬院子大门，欲强行进入，朱某山持铁叉阻拦后报警。齐某爬上院墙，在墙上用瓦片掷砸朱某山。朱某山躲到一边，并从屋内拿出宰羊刀防备。随后齐某跳入院内徒手与朱某山撕扯，朱某山刺中齐某胸部一刀。朱某山见齐某受伤，把大门打开，民警随后到达。齐某因主动脉、右心房及肺脏被刺破致急性大失血死亡。朱某山在案发过程中报警，案发

后在现场等待民警抓捕，属于自动投案。[①]

裁判者说

一审法院认为，根据朱某山与齐某的关系及具体案情，朱某山不具有持刀刺扎进行防卫制止的必要性，朱某山的行为不具有防卫性质，不属于防卫过当。判决：朱某山犯故意伤害罪，判处有期徒刑十五年，剥夺政治权利五年。

二审法院认为，朱某山的行为具有防卫的正当性，防卫行为明显超过必要限度造成重大损害，属于防卫过当。**判决：朱某山犯故意伤害罪，改判有期徒刑七年。**

法理言说

恶性暴力犯罪行为具有强烈的侵害性，而由一般民间纠纷引发的侵害行为毕竟属于事出有因，且暴力行为一般显著轻微，两者适用正当防卫制度应当有所区别体现。《正当防卫指导意见》第 9 条规定："因琐事发生争执，双方均不能保持克制而引发打斗，对于有过错的一方先动手且手段明显过激，或者一方先动手，在对方努力避免冲突的情况下仍继

① 参见最高人民检察院第一检查厅：《最高人民检察院第十二批指导性案例适用指引》，中国检察出版社，2019.

续侵害的，还击一方的行为一般应当认定为防卫行为。”这体现出纠纷双方都具有保持克制、冷静的义务，暴力攻击与反击的行为都不应当成为解决民间纠纷的首要选择。特别是因恋爱、家庭、婚姻、邻里矛盾引发的行为，暴力侵害性相对而言都不大，应当优先选择通过沟通、调解等方式从矛盾根源上化解问题和冲突，避免使用暴力激化矛盾，造成更严重的后果，这既符合我国崇尚“有事好商量”的优良传统，也是当前构建社会主义和谐社会的重要要求。

朱某山的行为应当属于防卫行为，具有防卫性质。发动防卫行为的起因条件是不法侵害正在进行，其中的不法侵害不只包括构成刑事犯罪的严重暴力行为，还包括各种对人身、财产等权益造成威胁、侵害但尚未符合犯罪成立条件的一般违法行为。因此，就算是一般违法行为，受害人也能对违法行为人进行防卫。本案（案例 25-1）是由民间纠纷引发的刑事案件，齐某因婚姻家庭矛盾引发了显著轻微的暴力冲突。但是在整体、全局判断下，齐某此前已对朱某山家持续实施打砸门窗、车窗玻璃、寻衅滋扰等违反社会正常交往规则的行为，已经给朱某山一家的日常生活造成严重的妨害和侵扰，使得朱某山一家长期处于恐惧、愤懑等心理状态中，且案发时齐某还攀爬进朱某山家中，已经实质侵害了朱某山一家的生活安宁权益，朱某山有必要实施防卫行为排除齐某的不法侵犯行为，朱某山的反击行为具有防卫性。

防卫过当应当根据实际案情确定具体的罪名，适用具体的刑罚。在

定罪问题上，防卫过当不是一个具体罪名，刑法上也没有专门规定防卫过当的独立刑期，因而不能认定为“防卫过当罪”。防卫过当是正当防卫行为发生偏差出现的一种特殊形态。防卫人的反击行为被认定防卫过当的，应当根据主客观事实来判断行为符合刑法规定的何种犯罪。从客观行为来看，如果防卫行为以不法侵害人的财产为反击对象并造成了重大财物毁损的过当结果，则防卫人可能被认定为故意毁坏财物罪；如果防卫行为通过对不法侵害人的人身实施反击并造成了重伤、死亡的过当结果，防卫人可能被认定为故意伤害罪、故意伤害罪致人死亡等罪名。从主观心态来看，如果防卫人明明知道自己的防卫行为将造成他人重伤的过当结果，依旧继续实施的，应当认定为故意伤害罪；如果防卫人在防卫意识下实施防卫行为，但没有认识到或者认为自己可以轻易避免，却依旧造成他人重伤等严重后果的，则过当行为应当认定为过失致人重伤罪；如果防卫行为虽然过当，但防卫人对防卫结果的出现既无故意，也无过失心态，只能认定为意外事件，防卫人无须承担刑事责任。案例 25-1 中，齐某虽然滋扰闹事，但是侵害手段却是徒手与朱某山撕扯，侵害强度较为低微，而朱某山却持宰羊刀刺中齐某胸部一刀，面对齐某空手侵害，朱某山应当意识到自己的防卫手段可能造成齐某受伤的结果，依旧继续实施，最终造成了齐某死亡，朱某山对齐某伤害的结果持放任、无所谓的态度，可以认定为故意的主观态度，却只是因为疏忽大意或者过于自信才造成了齐某的死亡结果，对死亡结果持过失心态，最终成立故意伤害罪致人死亡。

这一裁判结果兼顾了双方的利益保护。对防卫过当行为的受害人齐某来说，依照刑法制裁了朱某山剥夺其生命的犯罪行为，对犯罪人朱某山来说，尽管自己的行为原本属于自然意义上制止不法侵害的正当行为，但在刑法意义上仍需对防卫过当造成不法侵害人死亡的结果负责。本案一审法院与二审法院最终判决的罪名虽然相同，然而是否适用防卫过当制度却对刑罚产生较大影响，使得刑期长短具有较大差异，法院最终正确坚持了罪行严重程度与刑罚严重程度相适应的法律原则。因为对犯罪人朱某山来说，法院认定的罪名有多重并不重要，重要的是判处的刑期有多长，法院的公正裁判减少的刑期既守住了法律底线，又提升了普通民众对司法公正判决的社会认可度和理解度。

法律依据

《刑法》第二十条第二款：“正当防卫明显超过必要限度造成重大损害的，应当负刑事责任，但是应当减轻或者免除处罚。”

二十六、法亦容情

——过当的后果之二

法律不排斥人情。法律应当顺应人情，情入于法，兼顾法理与人情的法律更易于为社会公民所接受、所认可。法律固然是理性的，但是适用法律的人却是有血有肉、充满感情的，法律不应当机械适用而成为冰冷的国家管理工具，而应当在人的主观能动性下内嵌温度与温情。在防卫过当案件中，防卫人毕竟是在遭遇不法侵害的情境下，出于自我保护的本能或保护他人的优良品质的防御意图进行反击，于情于理都属于事出有因、情有可原的行为，虽然超过正当防卫限度，在司法评价上也应当与完全的犯罪行为有所区别。因此，我国《刑法》以法律条文明确规定，防卫过当应当处罚，但也应当“减轻处罚或者免除处罚”，这彰显出刑法对防卫过当的适度“宽容”，这种宽容既体现在对防卫过当的认定标准上——只要是防卫过当的案件就应当果断予以认定，唤醒“沉睡”许久的防卫条款；也体现在法定量刑上——只要行为被认定为防卫过当，在量刑时就应当适用减轻处罚或者免除处罚。这是立法者意图在情、理、法之间寻求平衡点的精神体现。

案例 26-1

被告人于某的母亲苏某经营某公司（以下称 ×× 公司），于某系该公司员工。2014 年 7 月 28 日，苏某及其丈夫向吴某、赵某借款 100 万元，双方口头约定月息 10%。至 2015 年 10 月 20 日，苏某共计还款 154 万元。至案发期间，吴某多次纠集人员对苏某进行滋扰、索债，并要求苏某将住房过户给其抵债。2016 年 4 月 14 日，赵某纠集郭某、严某、程某、杜某等 11 人到 ×× 公司讨债。21 时 53 分，杜某等人进入接待室讨债，将苏某、于某的手机收走放在办公桌上。杜某用污秽言语辱骂苏某、于某及其家人，并用一系列动作和行为对于某、苏某极尽侮辱，限制于某身体行动。22 时 07 分，×× 公司员工刘某打电话报警。22 时 22 分，民警朱某警告双方不能打架，然后带领辅警到院内寻找报警人，并给值班民警徐某打电话通报警情。于某、苏某想随民警离开接待室，杜某等人阻拦，并强迫于某坐下，于某拒绝。杜某等人卡于某颈部，将于某推拉至接待室东南角。于某持尖刀警告杜某等人不要靠近。杜某出言挑衅并逼近于某，于某遂捅刺杜某腹部一刀，又捅刺围逼在其身边的程某胸部、严某腹部、郭某背部各一刀。辅警闻声返回接待室，责令于某交出尖刀。杜某等4人受伤，被送至医院救治。杜某经抢救无效死亡，严某、郭某重伤二级，程某轻伤二级。[①]

裁判者说

2017年2月17日，案发所在地市中级人民法院对该案做出刑事附带民事判决，认定被告人于某犯故意伤害罪，判处无期徒刑，剥夺政治权利终身，并赔偿附带民事原告人经济损失。

2017年6月23日，案发所在地省高级人民法院经审理作出刑事附带民事判决：驳回附带民事上诉，维持原判附带民事部分；撤销原判刑事部分，**以故意伤害罪改判于某有期徒刑5年。**

法理言说

本案是引发社会广泛关注的一起刑事案件，法院判决从无期徒刑到有期徒刑五年的巨大差别体现出该案案情的复杂。二审判决在全面、准确认定案件事实的基础上，根据刑法规定和本案的具体情节，判定于某的行为系防卫过当。此判决对认定防卫限度、特殊防卫、防卫过当量刑

① 参见《（指导案例93—96号）最高人民法院关于发布第18批指导性案例的通知》中指导案例93号：于某故意伤害案。

等长期困扰司法机关的难题都具有指导性意义，其中从定罪到量刑体现的法、理、情结合，维护人伦、尊重公序良俗的精神，更是为社会各界所称道与肯定，本案因此成为推动我国正当防卫制度向前跨越式进步的典型案例。

从防卫行为的角度来看，于某正处于不法侵害持续进行中，他的持刀捅刺行为具有适时性、防卫性。正当防卫的起因条件要求不法侵害行为对他人的人身权益造成严重危害，不仅包括对人身安全的紧迫威胁与侵害，同样包括对人身自由的妨害、对人格尊严的严重侮辱。本案案发前，吴某、赵某就指使杜某等人实施过违法的追债行为，蓄意滋扰闹事，给于某和苏某的正常生活造成严重妨碍。案发当天，杜某等人对于某、苏某实施非法限制人身自由及对于某有推搡、拍打、卡颈部等行为，并对于某及母亲苏某采取严重侮辱行为。且于某持刀后并未马上进行攻击，而是警告其他人不要靠近，杜某持续挑衅后于某才实施捅刺行为，可以认为于某持刀并非故意报复伤害，而是想制止当前的不法侵害行为，具有免受继续侵害的防卫意识。此时从主、客观条件上看，于某和苏某的人身自由、人身安全正遭受严重侵害，于某持刀捅刺的行为具有防卫性质。

从防卫过当的角度来看，本案不属于特殊防卫情形，于某持刀捅刺造成一死二重伤一轻伤的结果属于防卫过当，应当予以处罚。《刑法》第二十条第三款规定“对正在进行行凶、杀人、抢劫、强奸、绑架以及其他严重危及人身安全的暴力犯罪，采取防卫行为，造成不法侵害人伤亡的，不属于防卫过当，不负刑事责任”，特殊防卫情形要求不法侵害手段与“杀人”等行为相适应，不法侵害危险程度达到“严重危及人身安全”，如果只是轻微的伤害、侮辱行为，并不能满足特殊防卫的起因条件。案例 26-1 中，杜某等人实施非法拘禁、故意伤害、侮辱等行为均未达到危害生命安全的程度，且杜某等人持续滋扰追债，空手威胁等客观事实表明其行为也不具有侵害于某与苏某生命安全的潜在发展的危险可能，而于某持刀捅刺他人胸部、腹部等要害位置，及捅刺背部的行为，明显带有一定的报复心理，最终造成了不法侵害人死亡、重伤的严重后果，在防卫行为与防卫结果衡量下，于某的防卫行为已经明显超过正当防卫必要限度，应当认定为防卫过当。于某明知道持刀伤人的行为可能造成他人重伤、死亡的结果，仍放任结果发生，具有一定的伤害故意，因此应当认定为故意伤害罪。

从防卫过当量刑角度来看，对于某的量刑考虑了被害人过错等因素，体现了常理人情。防卫过当的刑事责任不仅包括法定定罪，还包括法定量刑。刑法对防卫过当量刑“应当减轻或者免除处罚”，原因在于防卫人毕竟是出于保护合法权益不受侵害的正当动机，并不具有一般犯罪行为人主动侵害他人的态度和积极违背规范秩序的心理，主观恶性和人身危险性都较小，对防卫人进行严厉处罚的特殊预防必要性不高，处罚效果难达刑罚目的。同时，对过当防卫人的量刑还要考虑主客观环境、被害人过错等因素。案例 26-1 的被害方先前已对防卫人实施严重的滋扰暴力行为，对加剧矛盾最终造成严重后果具有重大过错。一方面，案发前，吴某、赵某等人已持续一段时间对于某、苏某进行滋扰、侮辱，案发当天还实施了非法拘禁、控制人身自由、伤害，以及极其严重的侮辱行为，这被认为是引发于某反击的直接导火索，杜某等被害人的行为应当受到谴责与惩罚。另一方面，于某与苏某多日来承受吴某等人的追债、骚扰、侮辱，内心本就已充满恐惧与不安，案发当日被拘禁、侮辱直接加剧了于某愤怒的情绪，导致其不堪忍受而实施反击行为，最终造成严重后果。被害人的严重违反社会公序良俗的过错应当成为本案在刑罚裁量上作为对于某有利的情节重点考虑。此外，于某为保护母亲不受侮辱而奋起反抗的行为也应当作为量刑情节予以考虑，这是人之常伦，也是为人子女理当爱护尊长的中华优良传统的体现。最终二审法院体民情、听民意，充分考虑对于某有利的量刑情节，从定罪到量刑都推翻了一审法院的错误判决，符合社会生活中公民的普遍情感与朴素正义观。这也让正当防卫制度具有了人文温情，将正当防卫制度拉进社会公众日常生活，激活了正当防卫的司法适用与社会价值，让法律为勇气、正义、保驾护航。

法律依据

《刑法》第二十条第二款：“正当防卫明显超过必要限度造成重大损害的，应当负刑事责任，但是应当减轻或者免除处罚”。

受“人死为大”传统观念的影响，在防卫案件中死亡、重伤的人容易因人们的朴素正义直觉而被定义为“受害一方”，可事实是否如此？正当防卫是侵害人与受害人双方利益衡量的结果，所有造成侵害人死亡的结果就是超出防卫界限、属于防卫过当而构成犯罪吗？在受害人面临严重威胁人身安全的不法侵害时，能否通过杀害侵害人而得以逃脱其“魔爪”呢？如果不法侵害的受害人在面临人身安全时还有防卫限度的顾虑，将极大降低人们向不法行为对抗的积极性和勇气。因此，《刑法》第二十条第三款规定了“特殊防卫”制度：“对正在进行行凶、杀人、抢劫、强奸、绑架以及其他严重危及人身安全的暴力犯罪，采取防卫行为，造成不法侵害人伤亡的，不属于防卫过当，不负刑事责任”。这意味着，在行凶、杀人、抢劫、强奸、绑架以及其他严重危及人身安全的暴力犯罪特定情形下，即使受害人在还手过程中杀死、重伤了侵害人，也没有超过必要限度，不属于防卫过当，自然也不需要承担刑事责任。正确适用特殊防卫制度，如何精准理解特殊防卫适用条件是核心关键。

二十七、本末倒置的特殊防卫

——防卫条件的误解

人的认识能力是复杂且参差不齐的，被害人身处不法侵害困境时由于情绪高度紧张，思考能力和判断能力难免会下降，对侵害情形是否严重、侵害行为具有多大危险才能进行特殊防卫的判断难以做到精准，裁判者不能站在事后“道德制高点”上以冷静理性的观点要求防卫人必须精准认识到案发当时的所有形势，做出完全相当于正常情况下的决策。不法侵害的被害人既可能因形势紧迫意识不到自身可以进行防卫，此时不产生防卫问题；也可能因为他人的行为侵害到自身利益便无限放大危险程度，将未达到不法侵害程度的行为认定为符合防卫条件进而实行反击；也可能将只属于适用一般防卫程度的侵害误解为适用特殊防卫的侵害，进而做出可以杀死、重伤不法侵害人的错误判断。此种认识错误情形下，裁判者应当根据防卫人的主观认识来适用防卫条款，还是应当根据案件客观事实进行法律适用呢？裁判者既不能以事后的客观态度完全不理会防卫人在事发时主观上可能出现的认识错误，也不能完全依照防卫人主观认识进行裁判，在防卫人发生防卫的起因条件判断错误时，应当在全面考察案件的主客观形势基础上，做出符合社会生活常理常情的结论。

案例 27-1

2015 年 5 月 30 日 5 时许，被告人张某渠骑电动车载同事张某国下班回家，因张某渠所驾电动车行驶在机动车道内且抢道行驶，与后面由周某宗醉酒驾驶的轿车差点儿发生碰撞。轿车副驾驶座上处于醉酒状态的张某龙遂与张某渠发生口角，对骂后双方各自离开。

周某宗驾车驶离后在前方调头，追上张某渠驾驶的电动车。周某宗、张某龙、谈某从案涉轿车上下来后，随即从机动车道跑入非机动车道对张某渠和张某国进行殴打。张某国逃脱。张某渠被三人拳脚围殴倒地，因担心自己被打致残，使用随身携带的折叠刀朝正在围殴自己的周某宗、张某龙、谈某的上半身用力挥刺，致被害人张某龙左颈和左肩等部位，周某宗头顶部和左臂等部位、谈某左臂和背部等部位受伤，张某龙因伤倒地。被告人张某渠则迅速逃离现场。被害人张某龙经送医院抢救不治身亡，经鉴定，系遭锐器刺切颈部致左颈内静脉、左锁骨下动脉等破裂，急性大失血死亡。周某宗、谈某的损伤程度，分别构成轻伤二级及轻微伤。被告人张某渠构成轻微伤。[①]

裁判者说

案发地市中级人民法院经审理认为，（1）被告人张某渠因受到多人围殴，为避免本人受到严重伤害而持刀挥刺对方，其行为具有防卫目的；（2）被告人张某渠遭到围殴后，未经言语警示而持刀主要朝对方头部、颈部等身体要害部位挥刺，且造成一人死亡、一人轻伤、一人轻微伤的严重后果，明显超过必要限度并造成重大损害，属于防卫过当，依法予以减轻处罚。**判决：被告人张某渠犯故意伤害罪，判处有期徒刑5年。**

法理言说

一般防卫与特殊防卫的关系并不是对立排斥的，两者的起因条件并不具有互斥性。一般防卫的侵害行为与特殊防卫的侵害行为可能在事件发展过程中发生转换。侵害人身安全的一般斗殴行为也可能随着事态的发展、侵害的加深逐渐演化成特殊防卫要求的“行凶、杀人、抢劫、强奸、绑架”等具有严重暴力性的行为。同样，侵犯人身安全的行为尚未

① 参见“张某渠故意伤害案”，载《人民司法·案例》2017年第29期。

达到特殊防卫要求的“严重危及人身安全”程度的，可以降格为符合一般防卫的“一般侵害”程度，此时实施的防卫行为应当具有正当防卫性。而且判断不法行为对人身安全是“严重侵害”还是“一般侵害”绝非易事，两者之间的界限并非泾渭分明，很难判断其危险程度。防卫人主观上可能会产生起因条件的误认，但最终也只能在客观事实基础上适用相当的防卫制度。也就是说，即使主观上以特殊防卫意图之名，客观上也只能在一般防卫案情基础上行一般防卫之实，最终也应当适用一般防卫的规定。防卫行为造成不法侵害人死亡，即使主观上认为不应当负刑事责任的，也应当客观适用行为超过一般防卫的必要限度条件而承担刑事责任。因此，裁判者的目光应当在一般防卫和特殊防卫之间不断流转，以期找到符合案情事实的“正确答案”。

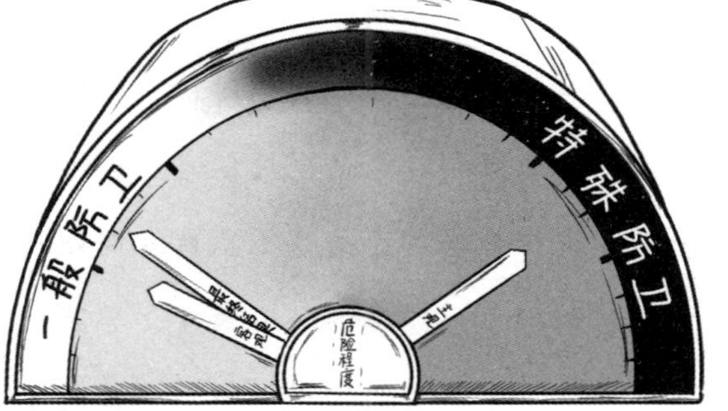

从不法侵害表现形式上看，不法侵害行为未达到严重危及人身安全的特殊防卫程度，张某渠的行为属于防卫过当。在本案中，张某渠在遭到周某宗、张某龙、谈某三人围殴时，担心自己被打致残，误认为不法侵害行为已经具有导致自身重伤或死亡的严重危险，所以使用凶器防卫。但在本案情中，围殴人员并未使用致命性器械，侵害手段限于拳脚围殴，侵害行为的手段与特殊防卫起因行为“杀人、抢劫、强奸、绑架”相较而言并未表现出严重的暴力性、危险的紧迫性，侵害行为本身的破坏性也较小，从危险结果上看，本案围殴行为也未足以严重危及防卫人的人身安全，最终的侵害结果也只是导致张某渠受轻微伤。此时，即使张某渠主观上认为自己的人身安全正面临严重侵害，侵害行为符合特殊防卫的起因条件，但是从案件的主客观事实基础可以证明防卫人出现了认识错误，且这种认识错误在案发当时站在一般人的视角上也能及时纠正。不过，即使张某渠对特殊防卫条件发生误认而进行反击行为，也并不能否认该行为具有一般防卫的正当性。应当肯定在案发时张某渠先被周某宗、张某龙、谈某三人围殴，自身的人身权益正面临非法侵害，具有防卫的必要性和适时性。相应地，其防卫行为也应当受到防卫限度的合理限制。张某渠被他人拳脚围殴后，使用折叠刀进行防卫时并未事先进行警告，而是毫不犹豫地向围殴人员刺去，该防卫行为已经明显超越制止不法侵害的必要限度，导致一死二伤的严重后果，应当属于防卫过当。张某渠明知用刀防卫将造成他人伤害、死亡，仍放任该结果实现，成立故意伤害罪，应当根据刑法规定定罪处罚。

法律依据

《刑法》第二十条第三款：“对于正在进行行凶、杀人、抢劫、强奸、绑架以及其他严重危及人身安全的暴力犯罪，采取防卫行为，造成不法侵害人伤亡的，不属于防卫过当，不负刑事责任”。

第二十条

二十八、刀下留人

——特殊防卫的起因

“行凶、杀人、抢劫、强奸、绑架以及其他严重危及人身安全的暴力犯罪”是适用特殊防卫制度的起因条件，“杀人、抢劫、强奸、绑架”属于相对明确的侵害行为，宣示社会公众可以对哪些特定侵害行为实施“无限度”防卫，本质上都是鼓励社会公众勇于反击违法犯罪行为。值得注意的是，立法者单列特定行为的依据和标准何在？“强奸”行为侵犯的是性自由权利，是否意味着需要达到严重危及人身安全的程度才能进行特殊防卫？“杀人、抢劫、强奸、绑架”是仅限于刑法规定的故意杀人罪、抢劫罪、强奸罪、绑架罪等典型的 4 种侵害人身权利的犯罪，还是可以进一步解释为包括与上述 4 种犯罪具有同类性质或危险程度相当的其他行为与犯罪？为了在最大程度上激活正当防卫条款，弘扬“法不能向不法让步”的社会风气，维护社会和谐与社会公正，厘清特殊防卫的起因条件十分重要。

案例 28-1

2018 年 9 月 23 日晚 19 时许，许某某醉酒后驾驶电动三轮车路过许祠组农田时，遇见刚打完农药正要回家的妇女周某某，遂趁四周无人之机下车将周某某仰面推倒在稻田里，趴在周某某身上，意图强行与周某某发生性关系。周某某用手乱抓、奋力反抗，将许某某头面部抓伤，并在纠缠、反抗过程中，用药水箱上连接的一根软管将许某某颈部勒住。许某某被勒住脖子后暂停侵害并站立起来，周某某为了防止其继续对自己实施强奸行为，一直站在许某某身后拽着软管控制其行动。

二人先后在稻田里、田埂上、许某某驾驶的三轮车上对峙。其间，许某某声称愿意停止侵害并送周某某回家，但未有进一步实际行动；周某某大声呼喊求救时，远处某养鸡场经营户邹某某听到声音，走出宿舍，使用头灯朝案发地方向照射，但未靠近查看，此外再无其他人员留意或靠近案发现场。

二人对峙将近两小时后，许某某下车，上身斜靠着车厢坐在田埂上，周某某也拽住软管下车继续控制许某某的行动，许某某提出软管勒得太紧、要求周某某将软管放松一些，周某某便将软管放松，许某某趁机采取用手推、用牙咬的方式想要挣脱软管。周某某担心许某某挣脱软管后会继续侵害自己，于是猛咬许某某手指、手背，同时用力向后拽拉软管及许某某后衣领。持续片刻后许某某身体突然前倾、趴在田埂土路上，周某某认为其可能是装死，仍用力拽拉软管数分钟，后见许某某身体不动也不说话，遂拎着塑料桶离开现场。次日清晨，周某某在村干部王某某的陪同下到现场查看，发现许某某已死亡，遂电话报警、自动投案。经鉴定，许某某符合他人勒颈致窒息死亡。[①]

裁判者说

案发所在地县人民检察院检察委员会研究认为，周某某对正在实施强奸的许某某采取防卫行为，造成不法侵害人许某某死亡，符合刑法第二十条第三款的规定，依法不负刑事责任，于 2019 年 6 月 25 日**决定对周某某不起诉。**

法理言说

特殊防卫制度要求不法侵害行为必须是“行凶、杀人、抢劫、强奸、绑架以及其他严重危及人身安全的暴力犯罪”，立法者将这几类行为单独列举出来，应当与一般防卫的不法侵害行为在侵害对象、暴力危险程度上有所区分。

从不法侵害对象上看，特殊防卫只能针对特定的不法侵害行为进

① 参见 2020 年 11 月 27 日《最高检发布 6 起正当防卫不捕不诉典型案例》中安徽省枞阳县周某某正当防卫不起诉案。

行，且这种特殊的侵害行为直接以受害人的人身安全、生命安全等人最重要的权益为行为对象；一般防卫针对的不法侵害行为多样，既包括犯罪行为，也包括违法行为，不法侵害行为只要对财产、人格尊严及人身安全等普通权益造成了侵害，就可以发动防卫权进行制止。

从不法侵害行为危险程度上看，特殊防卫的不法侵害行为伴随着强烈的暴力性、违法性，甚至基本上已经达到犯罪程度，正因为如此，不法侵害行为可能给被害人造成重伤或死亡等严重后果；而一般防卫的不法侵害行为则相对轻缓，对偷盗财物等轻微行为也可以进行一般防卫，由此可见其中差距。正因为特殊防卫制度以身体健康、完整、生命安全为保护对象，这些权益对人来说更加重要和基本，侵害行为对权益的危害也更加紧迫和严重，所以刑法并未明确规定特殊防卫制度的限度条件，已经在最大限度上鼓励社会民众勇于反抗不法行为，保卫自己或他人的人身安全。

从不法侵害危险程度来看，周某某正面临被强奸的紧迫境况，为了维护自己的尊严而奋起反抗的行为具有防卫性。在“杀人、抢劫、强奸、绑架”四个具体侵害行为中，强奸行为具有一定的特殊性，其他三种行为直接以人的身体健康、生命安全为危害对象，但强奸行为侵害的是妇女作为独立人格拥有的性自决权利，即自由决定是否发生、何时发生性关系等事项，任何人不能强迫对妇女实施性行为。强奸行为相对杀人行为一般都未达到严重危及人身安全的紧急程度，但是自古以来性自主权作为女性的尊严和人格的载体之一一直都具有十分重要的地位，因此，特殊防卫起因条件的本质要求“严重危及人身安全”在强奸类案件中就具体表现为强迫发生性关系，不要求侵害行为已经达到严重危及他人的人身安全时才能进行防卫，充分保障了妇女在强奸案件中作为弱势一方的权益和安全。本案中，许某某醉酒后已经强行把周某某推倒在稻田里，趴在周某某身上，意图强行与周某某发生性关系，此时周某某的性自主权已经处于极度危急的形势中，且周某某在与许某某对峙过程中不断大声呼救但始终无人救援，许某某中途仍想逃脱，是否继续侵害的意图难以确定，在长达两小时的高度紧张、惶恐情绪下独身一人对抗歹徒，不能再苛求周某某冷静判断不法侵害是否结束，应当认为不法侵害状态一直持续，符合特殊防卫的起因条件，周某某使用软管勒住不法侵害人造成其死亡，符合特殊防卫的规定，不应当承担刑事责任。

从不法侵害行为的形式来看，杀人、抢劫、强奸、绑架是指具体的侵害行为，而不需要行为达到刑法上规定的具体罪名的程度。刑法特别限定“杀人、抢劫、强奸、绑架”是因为这些行为通常具有严重危害人身安全的可能性，为了最大限度拓宽特殊防卫制度的适用，保护人们的身体和生命，侵害行为只要表现出杀人、抢劫、强奸、绑架的行为特征即可，不必要认定为刑法上的特定罪名。比如杀人行为，根据《刑法》第二百三十八条第二款的规定，使用暴力非法拘禁致人死亡的，应依照故意杀人罪定罪处刑，一般的非法拘禁、控制人身自由的行为难以产生危害人身安全的危险，只能进行一般防卫，但如果非法拘禁行为造成他人死亡，拘禁行为则转化成杀人行为，此时，防卫人可以进行特殊防卫；比如抢劫行为，一般认为抢劫行为侵害了人身与财产的结合权益，但如果行为人抢劫枪支、弹药、爆炸物，或者抢劫毒害性、放射性、传染病病原体等物质，危害公共安全，同样符合特殊防卫抢劫条件的认定；比如强奸行为，我国司法上一般认为强奸罪的对象只能是女性，男性不能被强奸，但是近年来，强奸男性的案件已经屡见不鲜，我们认定，刑法是在时代发展潮流中不断进步的，男性也可以被法律认定为被强奸的对象，因此，如果在具体案件中男性面临性自主权严重受侵害的情况，同样符合特殊防卫的起因条件，也应当肯定其具有特殊防卫的权利；再比如绑架行为，如果不法侵害人以拐卖为目的，实施绑架妇女、儿童行为，严重危及他人人身安全，即使最终行为人构成的是《刑法》第二百四十条拐卖妇女、儿童罪，同样也不影响防卫人适用“绑架”起因条件进行特殊防卫。综上而言，只要不法侵害人以“杀人、抢劫、强奸、绑架”四种行为作为侵害手段，达到了严重危及人身安全的程度，就应当允许防卫人适用特殊防卫制度进行对抗与反击。

法律依据

《刑法》第二十条第三款：“对于正在进行行凶、杀人、抢劫、强奸、绑架以及其他严重危及人身安全的暴力犯罪，采取防卫行为，造成不法侵害人伤亡的，不属于防卫过当，不负刑事责任”。

二十九、消灭古惑仔？

——行凶的解释

特殊防卫的起因条件限于正在进行的“行凶、杀人、抢劫、强奸、绑架以及其他严重危及人身安全的暴力犯罪”。与“杀人、抢劫、强奸、绑架”在刑法上有具体事实限定的犯罪行为相比，“行凶”概念的内涵和外延略显模糊。“行凶”并不是一个独立的罪名，也不是刑法上典型的犯罪侵害行为，依据何种标准解释不法侵害行为是否属于“行凶”，则只能倚赖司法人员根据刑法解释技巧和社会生活经验进行司法裁断，根据特殊防卫立法宗旨，确定“行凶”只能是严重危及他人人身安全的暴力行为，而非任何侵害程度较轻的违法行为。

案例 29-1

2009 年 1 月 25 日凌晨 2 时许，被害人陈某某酒后来到被告人陈某浮家，用随身携带的一把菜刀敲击陈某浮家铁门，叫陈某浮出来打架。陈某浮的妻子下楼，佯称陈某浮不在家。陈某某继续敲击铁门，陈某浮便下楼打开铁门，陈某某遂用菜刀砍中陈某浮脸部，致陈某浮轻伤。陈某某再次砍向陈某浮时，被陈某浮挡开，菜刀掉在地上，陈某浮上前拳击陈某某的胸部等部位，二人在地上扭打。后陈某某因钝性物体作用于胸部使心包、心脏破裂导致失血性休克死亡。[①]

裁判者说

广东省普宁市人民法院一审判决、揭阳市中级人民法院二审裁定认为：陈某某无故持刀上门砍伤陈某浮，陈某浮为了使本人的人身免受正在进行的不法侵害，对正在进行的危害人身安全的暴力犯罪采取防卫行为，造成不法侵害人陈某某的死亡，不属于防卫过当。**判决：陈某浮不负刑事责任。**

---

① 参见 2020 年 9 月 3 日最高人民法院发布的《涉正当防卫典型案例》。

法理言说

从客观行为来看，陈某某持刀砍伤陈某浮的行为具有严重危及生命安全的紧迫危险，属于行凶行为。一般认为，划分为同一类型的对象之间存在特征同质性，“行凶”与“杀人、抢劫、强奸、绑架以及其他严重危及人身安全的暴力犯罪”从一般防卫行为中单列出来，彼此之间应当具有相同特征。几种对象表面上的客观行为虽有不同，但本质上都属于对他人的人身安全、生命安全具有严重危险的暴力犯罪。解释“行凶”的根本标准只能是不法侵害行为是否具有严重危及他人人身安全的危险。具体而言，可以根据不法侵害行为使用工具的杀伤力大小、是否达到严重犯罪程度、是否具有暴力性质等客观事实因素来做出判断。本案中，陈某某深夜持菜刀敲击陈某浮家铁门，陈某浮出现后，更是直接向其面部砍去，已经属于持杀伤力大的凶器实施严重危及他人人身安全的不法侵害行为，完全可以认定为“行凶”行为，符合特殊防卫的起因条件。需要注意的是，“行凶”的具体行为形式具有多样性，可以使用致命性凶器，也可以是以其他缓和暴力形式实施危害人身安全的行为，但本质上都是对他人人身安全的严重威胁。

从侵害发生的客观背景来看，陈某某的行为属于严重危及他人人身安全的“行凶”行为。通常来说，不法侵害人实施杀人、抢劫等行为都具有特定的主观故意，但即使不法侵害人的具体故意内容难以确定，如果根据案发时的客观背景与形势、侵害行为发生的时间及不法侵害人的行为手段等判断，不法侵害行为已经严重危及人身安全，可以认定为符合“行凶”条件，防卫人依旧可以进行特殊防卫。同时，认定不法侵害行为是否严重危及他人人身安全，不仅要看已经造成的现实侵害结果，还要看侵害行为潜在的生命安全危险与损害。本案中，陈某某醉酒后持菜刀叫陈某浮下楼打架，不能确定陈某某具有致人伤害还是致人死亡故意，但其无故持菜刀砍中陈某浮脸部致其轻伤的行为已经给陈某浮造成了极度的恐慌和紧张，陈某某的行为具有“行凶”性质。陈某浮为了避免自己的生命安全继续遭受侵害而实施的防卫行为具有正当性，即使陈某某第二次砍人的行为被挡开，菜刀掉到地上，不法侵害危险程度有所减缓，但如果要求陈某浮被菜刀砍伤后仍保持冷静思考，判断不法侵害人有没有继续行凶的可能，这实在是强人所难。因此，综合考虑案件的具体情况，应当认为在陈某某的菜刀掉到地上之后仍然可以实行防卫，本案属于不法侵害人发起“行凶”行为，防卫人为了保护自己的生命安全免受严重侵害而杀死不法侵害人，没有超过必要限度，仍然属于特殊防卫。

法律依据

《刑法》第二十条第三款：“对于正在进行行凶、杀人、抢劫、强奸、绑架以及其他严重危及人身安全的暴力犯罪，采取防卫行为，造成不法侵害人伤亡的，不属于防卫过当，不负刑事责任”。

三十、冤冤相报何时了

——『其他严重危及人身安全的暴力犯罪』的解释

马克思法律观认为“社会不是以法律为基础的，相反，法律应该以社会为基础”。刑法是生成于社会现实的法律，特殊防卫起因要求行为严重危害人身安全，但现实案情错综复杂，行为人可能以各种具体方式杀人，立法者在类型思维上将以往发生过的案情中威胁人身安全的典型情形概括为“杀人、抢劫、强奸、绑架”具有代表性的暴力犯罪和严重危害人身权益的行为。但是人的认知是有限的，社会生活瞬息万变，刑法规定一旦落笔成文即落后于现实，比如 20 年前人们也意识不到基于人工智能环境能够通过 ChatGPT 实现语言处理、文章输出，引发侵犯著作权的反思与讨论。严重危害人身安全的新型行为也将随着时代大潮层出不穷。因此，为了保持刑法的灵活性与时代性，也为了提高正当防卫的制度弹性和适用可能性，立法者规定“其他严重危及人身安全的暴力犯罪”作为特殊防卫的兜底情形，将形势多变的现实侵害行为最大限度地纳入防卫制度。

案例 30-1

2015 年 6 月 4 日 22 时 40 分，某足浴店股东沈某因怀疑葛某等人举报其店内有人卖淫嫖娼，遂纠集本店员工雷某、柴某等 4 人持棒球棍、匕首赶至葛某的养生会所。沈某无故推翻大堂盆栽挑衅，与葛某等人扭打。雷某、柴某等人随后持棒球棍、匕首冲入会所，殴打店内人员，其中雷某持匕首两次刺中员工侯某大腿。其间，柴某所持棒球棍掉落，侯某捡起棒球棍挥打，击中雷某头部致其当场倒地。该会所员工报警，公安人员赶至现场，将沈某等人抓获，并将侯某、雷某送医救治。雷某因严重颅脑损伤经抢救无效于 6 月 24 日死亡。侯某的损伤程度构成轻微伤，该会所另有 2 人被打致轻微伤。[①]

裁判者说

浙江省杭州市人民检察院根据审查认定的事实，认为：（1）沈某、雷某等人聚众持棒球棍、匕首等杀伤力较大的工具进行斗殴的行为属于

① 参见最高人民检察院第十二批指导性案例检例第 48 号《侯某正当防卫案》。

“其他严重危及人身安全的暴力犯罪”；（2）侯某的行为是为了保护自己和本店人员免受暴力侵害，依据《中华人民共和国刑法》第二十条第三款的规定，侯某的行为属于正当防卫，不负刑事责任，**决定对侯某不起诉。**

法理言说

根据《刑法》规定，特殊防卫的起因条件限于正在进行的“行凶、杀人、抢劫、强奸、绑架以及其他严重危及人身安全的暴力犯罪”。除了上文所述“行凶”行为需要解释，“其他严重危及人身安全的暴力犯罪”同样模糊抽象需要进行解释，以便公民根据《刑法》规定采取适当的防卫行动。事实上，类似“其他”条款在我国《刑法》规定中较为常见，刑法受限于明确、精要的成文法要求，难以将所有严重危及人身安全的行为一一列举，于是设置“其他”兜底条款，旨在激发司法人员发挥主观能动性，根据具体案件进行灵活、主观适用，同时也避免特殊防卫适用条件太机械呆板而束缚了防卫人的“手脚”。这种兜底性情形的解释应当限于明确列举的行为以外的具体行为与明确列举的行为基本相同或相似的行为，即判断何种行为属于“其他严重危及人身安全的暴力犯罪”应当参照杀人、抢劫、强奸、绑架行为进行具体认定，通过比较彼此之间的暴力程度、刑罚处罚程度进行综合判断。即使某种行为在行为方式上尚未达到与杀人行为同质的暴力程度，如果具有危及他人人身安全的严重危险，也可以认定为危害他人人身安全的暴力犯罪。本案中沈某、雷某等人的行为，属于单方持械聚众斗殴，原本只属于《刑法》第二百九十二条规定的聚众斗殴罪，对“首要分子和其他积极参加者”的刑事处罚也只可能判处“三年以上十年以下有期徒刑”，表面上看，聚众斗殴行为的不法侵害性不严重，但是该法条第二款同时做出了特别规定：聚众斗殴，致人重伤、死亡的，依照刑法关于故意伤害罪、故意杀人罪的规定定罪处罚。刑法设置特殊条款将原本不符合该种犯罪的行为也按照该规定处理，形式上的考虑是为了方便司法适用，裁判者无须重新进行论证说明，实质上则是因为这两种行为对权益的侵害程度相同或相当。这就意味着，聚众斗殴行为造成他人重伤或死亡等严重后果的可能性很大，聚众斗殴行为对他人人身安全的威胁程度与故意伤害、杀人行为具有相似性，需要刑法进行严格规制。而且案例 30-1 案情显示，沈某、雷某等人持棍棒、匕首等杀伤力较大的器械进行聚众斗殴，且匕首已经两次刺中侯某大腿，造成轻伤结果，足以表明沈某、雷某等的行为具有危及他人人身安全的严重危险，属于“特殊防卫”的“其他严重危及人身安全的暴力犯罪”。侯某为了保护自身及其他店员的人身安全免受暴力犯罪的侵害，实施防卫行为造成不法侵害人死亡，仍然属于正当防卫。

法律依据

《刑法》第二十条第三款：“对于正在进行行凶、杀人、抢劫、强奸、绑架以及其他严重危及人身安全的暴力犯罪，采取防卫行为，造成不法侵害人伤亡的，不属于防卫过当，不负刑事责任”。

三十一、死有余辜？

——特殊防卫的限度

生命是人之为人的自然象征与物质载体，每个人都有活下去的权利，法律禁止任何人以非法手段剥夺他人生命。公众共同关心的一个重要问题是，当被害人自身的生命权益面临紧迫危险，需要实施正当防卫时，能否直接剥夺加害人的生命呢？在这样的加害人与被害人生命权益的激烈对抗中，大众凭借正义直觉似乎站在了被害人一方，然而其中也存在另一种声音：生命至高无上，每个人只有一次生命，即使被害人面临紧迫不法侵害而进行正当防卫时，法律赋予的防卫权能也要适度让位于自然的生命权益，在一些特殊情况下，不宜实施直接剥夺加害人生命的极端防卫。

案例 31-1

2016 年 1 月，张某的兄长张某 1 与李某驾驶机动车发生交通事故，李某逃逸。在处理事故的过程中，张某听说周某在交警队有“关系”，于是托人找周某“打招呼”，周某应允。3 月 10 日，张某在交警队与交警发生争吵，这时恰巧周某给张某打来电话，张某以为周某能够压制交警，就让交警直接接听周某的电话。张某此举引起周某不满，周某随即挂掉电话。

3 月 12 日早上 8 时许，周某纠集丛某、张某 2、陈某，至张某暂住处。周某、陈某各持砍刀一把，丛某、张某 2 分别拿起铁锨、铁锤进入张某暂住处。张某 1 见状上前将张某 2 截在外屋，二人发生厮打。周某、陈某、丛某进入屋内，三人共同向屋外拉拽张某，张某向后挣脱。周某、陈某见张某不肯出屋，持刀砍向张某后脑部，张某随手在茶几上抓起一把尖刀捅刺了陈某的胸部，陈某被捅后退到外屋，随后倒地。之后，陈某被送往医院后，因单刃锐器刺破心脏致失血性休克死亡；张某头皮损伤程度构成轻微伤；周某左尺骨损伤程度构成轻伤一级。①

① 参见最高人民法院 2021 年 1 月 12 日发布的第 26 批指导案例“张某正当防卫案”。

裁判者说

一审法院认为，张某故意伤害他人身体，致一人死亡、一人轻伤，其行为已构成故意伤害罪。鉴于被害人一方对案件的起因负有一定责任，对此情节予以酌情考虑。**判决：张某有期徒刑十二年六个月。**

二审法院做出改判，认为：（1）张某实施致人伤亡行为的前提是遭到了周某等四人的不法侵害，四人突然闯入张某居所，并实施拖拽及砍砸其后脑部的行为；（2）张某在自己人身安全正遭到不法侵害严重威胁时，在精神极度恐惧和慌张的状态下，为制止正在进行的不法侵害，随手从身边抓起一把平时生活所用刀具捅刺不法侵害人，具有正当性；（3）张某虽然在防卫过程中造成了侵害人一死一伤的后果，但未超过防卫限度，属正当防卫，不负刑事责任。**判决：撤销一审判决，张某无罪。**

法理言说

由于生命是最重要的个人权利，在案件中一旦产生一方死亡的严重后果，公众会下意识地认为另一方构成犯罪，需要承担法律责任而且往往是刑事责任。然而，正当防卫所面对的是“正”对“不正”的特殊情形。就案例 31-1 而言，一方面，周某、陈某、丛某、张某 2 四人携带砍刀、铁锹、铁锤等凶器，非法闯入张某的住处，先后实施殴打、拉拽、持刀砍向张某等行为，严重侵害了张某的生命安全，面对如此激烈和紧迫的不法侵害，张某当然有权进行正当防卫；另一方面，本案最终结果是作为加害人一方的陈某死亡，与之相对的，被害人一方的张某仅轻微伤，损害结果极度不均衡，在不了解案件前因后果的情况下，容易将张某的行为误判为故意伤害罪甚至故意杀人罪，这可能也是一审判决的司法逻辑。二审法院在充分分析本案前因后果的基础上，先是肯定了张某行为的防卫性，之后又进一步分析其行为符合《刑法》第二十条第三款对特殊正当防卫的规定，依法应当成立正当防卫。

从案件前因后果来看，张某的行为毫无疑问具有防卫性。成立正当防卫的前提是确认行为具有防卫性质，即行为是为了保障国家、公共利益、本人或他人的人身、财产或其他权益免受正在进行的不法侵害。案例 31-1 源于先前双方存在纠纷，是非对错不能直接判断。但在纠纷发生后，周某、陈某、丛某、张某 2 四人携带凶器，强行闯入张某的住处，这种行为显然具备非法性，侵犯了张某的生活安宁，甚至已经构成刑法上规定的非法侵入住宅罪。作为被害人，张某兄弟二人有权要求四人退出，进行正当防卫。而四人携带凶器砍杀的行为，更进一步加深了侵害行为的危险程度，导致张某兄弟二人面临重大且紧迫的现实危险，由此更加确证了张某的反抗行为具有防卫性。

从正当防卫制度来看，张某的行为符合《刑法》第二十条第三款规定，依法应当成立特殊正当防卫。无论立足刑法评价还是基于公众认

知，生命权利都属于个人最高权利，在社会契约论中，人们让渡部分自由权利之后，国家有义务（制定法律）保护个人未让渡的权利不受非法侵害，其中最重要的即是个人生命。《刑法》第二十条第三款将生命等利益单独规定，确立特殊正当防卫，正是考虑到生命对个人而言的重大性。《刑法》第二十条第三款规定，在行凶、杀人、抢劫、强奸、绑架以及其他严重危及人身安全的暴力犯罪中，一般防卫行为，即使造成加害人死亡，依然成立正当防卫。这就意味着，在特殊正当防卫中，普通正当防卫的限度条件实际上被极大削减，甚至没有明确的限度要求。立法做此规定，显然考虑了特殊正当防卫场景的特殊性，要求司法机关充分考量案件事实，避免“谁死伤谁有理”的错误观念，坚定贯彻“法不能向不法让步”的正当防卫制度精神。

《正当防卫指导意见》第2条特别强调：“要立足防卫人防卫时的具

体情境，综合考虑案件发生的整体经过，结合一般人在类似情境下的可能反应……充分考虑防卫人面临不法侵害时的紧迫状态和紧张心理，防止在事后以正常情况下冷静理性、客观精确的标准去评判防卫人。”案例 31-1 中，周某、陈某、丛某、张某 2 四人突然闯入张某的住处，并且携带砍刀等凶器，对张某兄弟二人实施不法侵害，属于《刑法》第二十条第三款的行凶、杀人行为，认定张某成立特殊正当防卫，**符合法理**；及时纠正“谁死伤谁有理”的错误观念，避免由于产生了严重后果而否定正当防卫行为的性质，**符合事理**；在周某、陈某持刀砍向张某后脑部时，张某作为被害人紧急抓起茶几上的一把尖刀捅刺陈某，属于一般人在当时情境下的正常反应，**符合情理**。本案二审改判兼顾了法、理、情，值得肯定。

需要进一步说明的是，《刑法》第二十条第三款特殊正当防卫取消了限度要求，是否等同于确立了无限防卫权呢？也就是说，是否只要处于重大法益的紧迫危险状态，防卫人就可以毫无限制地剥夺加害人的生命呢？显然并非如此。加害人的生命也是生命，应当受到法律保护。只不过在行凶、杀人等严重暴力犯罪场合，加害人与被害人处于“正”对“不正”的对抗状态之中，加害人的生命受保护的重要性应当相对降低。可以认为，刑法虽然没有明确规定特殊防卫的显性限度，但却以不法侵害行为的严重程度作为隐性限度条件的载体，只有不法侵害符合严重危及人身安全的起因条件，防卫人才可以进行特殊防卫。由此可见，当被害人面临较小的不法侵害时，不宜实施剥夺加害人生命的防卫行为。例如，为了保护私人财产而剥夺他人生命的“因财杀人”案件，通常不成立正当防卫。而且，即使面临行凶、杀人、抢劫、强奸、绑架等严重危及人身安全的暴力犯罪，在已经充分排除紧迫危险的场合，一般也不应当进一步实施剥夺加害人生命的行为。例如，甲在遭受乙持刀威胁时，乘乙不备重拳将其击晕。在甲已经确定乙失去反抗能力、自身危险解除时，如果进一步实施剥夺乙生命的行为，则可能成立故意杀人罪。当然，加害人是否失去反抗能力以及防卫人的受侵害危险是否解除，应当有着“如我在场”的同理心，从防卫人的视角出发，结合一般人在类似情境下的可能反应进行具体判断。当无法做出精确判断时，可以考虑适度朝着有利于防卫人的立场进行认定。

法律依据

《民法典》第一千零二条：“自然人享有生命权。自然人的生命安全和生命尊严受法律保护。任何组织或者个人不得侵害他人的生命权”。

《刑法》第二十条第三款：“对于正在进行行凶、杀人、抢劫、强奸、绑架以及其他严重危及人身安全的暴力犯罪，采取防卫行为，造成不法侵害人伤亡的，不属于防卫过当，不负刑事责任”。

后　记

曾几何时，“正当防卫只能靠跑”“《刑法》第二十条是僵尸条款”的错误观念蔓延发酵，一件件鲜活的事例在日常生活不断上演，引发公众对《刑法》第二十条正当防卫制度的高度关注。时至今日，刑法理论与刑事司法实务已经达成的共识是，正当防卫不仅是一项刑法制度，而且是关乎我们每一个人切身利益的重要法律事业，要充分尊重大众的正义直觉，确立“正不应向不正让步”的法治观念，全面激活《刑法》第二十条。

囿于历史和现实因素，我国《刑法》第二十条长期处于“半休眠”状态，“重伤以上不适用正当防卫”“互殴就不是防卫”等观点间或出现，据此形成的裁判文书也曾饱受争议。2020 年最高人民法院、最高人民检察院、公安部联合印发《关于依法适用正当防卫制度的指导意见》(以下简称《意见》)，明确提出要“切实防止‘谁能闹谁有理’‘谁死伤谁有理’的错误做法，坚决捍卫‘法不能向不法让步’的法治精神”。在《意见》实施以后，社会上又发生了一系列引发广泛关注的热点案例，激起了新一轮关于正当防卫标准等问题的理论与实务争鸣，深受公众关切，本书编写的想法由此诞生。

为了更好地呈现《刑法》第二十条的真实面貌，本书采取“问题导航”的编写范式，提炼生活中讨论最激烈、大众最关心的正当防卫话题，总结出了三十一个相关问题，基本覆盖了正当防卫制度理解与适用的全局。

在本书编写的过程中，中国政法大学《政法论坛》阮晨欣老师、暨南大学法学院／知识产权学院侯跃伟老师、中国政法大学刑事司法学院姜文智博士、中国政法大学刑事司法学院秦雨田硕士实质承担本书的编写、校对和修改工作，在此为他们的辛勤付出表示感谢。